関東大震災と中国人虐殺事件

今井清一著

朔北社

関東大震災と中国人虐殺事件　目次

凡例

一　本書は既発表の論文に加筆したものと、新たに書き下ろしたもので構成した（「はじめに」参照）。

一　本文の表記は原則として漢字は新字を用い、かなづかいは原文のままとした。

一　引用史料には、適宜句読点、濁点を付した。

一　引用史料中の〔　〕は著者による補記である。

一　難読の用語にはふりがなを付した。

関東大震災と中国人虐殺事件

まえがき

関東大地震は一九二三（大正十二）年九月一日の正午一分余り前に始まって東京・横浜を中心とする首都圏を襲い、その直後にその近くを震源とする例外的に大きな余震が続いた。両市の下町を初めとして無数の密集家屋が倒壊し、大火となって荒れ狂った。東京市の場合、三日朝まで燃え続けた。震災全体の死者・行方不明者は十万五千余人にのぼった。

戒厳令が布告される中で、朝鮮人が蜂起し井戸に毒を入れたり放火したという流言が広がり、中国人もあやしいとされ、背後には社会主義者が糸を引いているなどの尾ひれもつけられた。数千人にのぼるとされる朝鮮人と数百人に及ぶ中国人が虐殺され、社会主義者や労働運動家も殺された。日本の敗戦まではこれらの事件の報道は厳しく禁圧され、戦後にこうした禁圧が解かれた後になっても、解明の歩みは遅々としており、今でもかなりの日本人にとってふれたくない事件とされている。政府も事実を明確に発表してはいない。

本書では的確な資料が比較的存在している中国人虐殺事件に的をしぼり、多角的に考察した。

Ｉ　大島町事件・王希天事件と日本政府の対応

韓国は一九一〇（明治四十三）年八月に日本国に併合され、朝鮮人は日本の統治下におかれた。それから日本の敗戦まで朝鮮人の生死与奪の権は日本政府に握られ、その虐殺さえ当局の一存で揉み消されかねない立場にあった。中国はなお軍閥割拠の状態にあったとはいえ、辛亥革命によって成立した中華民国が厳然として存在し、中国人の虐殺が起これば、国際問題となる。私は、政府は虐殺事件を隠蔽するため厳しい言論統制を敷いたとしても、記録が外務省に残されている筈だと考えた。だとすれば外務省の外交史料館にあたればよいはずだ。だがそうした資料が公開されているだろうか。私は慎重に構えて、まず米国の議会図書館などが作成したマイクロフィルム版『日本国外務省文書』にあたった。

また、一九七五年には大震災の救援活動に出動した野戦重砲兵第一連隊の久保野茂次一等卒の日記が発見され、現場から見た中国人虐殺事件の概要が明らかになった。この日記は、上記のマイクロフィルム版『日本国外務省文書』の中の「大島町事件、その他支那人殺傷事件」等に照応する。これに続く文章には、政府中枢が中国政府や日本国内の諸勢力の動きにも配慮しながらも、隠蔽の方針をとるようになる過程が生々しく記述され、今日にも共通する権力の性格を明らかにしている、私は、これを「大島町事件・王希天事件と日本政府の対応」にまとめ、藤原彰、松尾尊兊両氏編集の『論集現代史』（筑摩書房、一九七六年）に載せた。

Ⅱ　関東大震災下の中国人虐殺事件が明らかにされるまで

本章は一九九二年九月十二日に東京都江東区森下文化センターで開かれた中国人労働者集団虐殺69周年追悼記念集会で報告したもので、翌年刊行の『湘南国際女子短期大学紀要』創刊号に載った。これは研究の進展に応じて書き加えられ、仁木ふみ子編、今井清一監修の『史料集関東大震災下の中国人虐殺事件』（明石書店、二〇〇八年）に解説として掲載された。この問題の多面的な性格を示すとともに、それが解明されて来た過程を示すだろう。

Ⅲ　内田康哉臨時首相と戒厳令布告

本章は青木新執筆の『内田康哉伝記草稿』などを利用して新たに書き下ろした。

一九二三年八月に加藤友三郎首相が病気で亡くなったあと、後継首相に山本権兵衛が推薦され組閣を命じられている最中に大地震が起こると、内田康哉臨時首相は戒厳令施行に踏み切った。ここでは前内閣の外相であった内田臨時首相と伊東巳代治枢密顧問官が、戒厳令布告に果たした役割に注目した。さらに後藤新平内相や犬養毅逓信相ら大物政治家を集めた第二次山本内閣は、小選挙区で絶対多数を確保している政友会に対抗することを期待されているなかで関東大震災に対応しなければならなかった。

遺族らへの死体の引き渡しに当たって、斬首という野蛮な方法による残虐な殺害だという事実の暴露をふせごうと警官が一旦埋めた遺体を掘り起こすなど虐殺の隠蔽と究明の動きの競り合いを、当時の新聞を用いて述べた。

Ⅳ　大杉栄らの「骨なし」民衆葬と「斬首陰部露出」写真

本章は関東大震災七〇周年記念行事実行委員会編の『この歴史永遠に忘れず』（一九九四年）に寄稿した論文に加筆した。ここでは一九二三年十二月一六日の衆議院予算委員会における「筆にするを忍びない残虐を極めた平沢君等の惨殺死体」の写真を提示して追及する横山勝太郎代議士と、「是はよく見ましてございますが、斯の如き凌辱の行為を軍隊なり警察が加えたということは、自分はみとめておりませぬ」とする平沼騏一郎法相の応酬が注目される。貴衆両院の委員会議事は一般の新聞でも報道されているが、一九八〇年代に『帝国議会衆議院委員会議事録』とそれに対応する貴族院委員会の議録とが臨川書房から復刻されたので、利用しやすくなった。斬首全裸写真をめぐる応酬は、サンケイ新聞のでっち上げ批判など第二次世界大戦後まで後をひいた。

V　震災下虐殺事件の国内的背景

本章は『中帰連』第二六号「特集関東大震災から八〇年」（中帰連発行所、二〇〇三年）に掲載。二〇〇三年六月一八日に専修大学で開かれた中国山地教育を支援する会での同名の講演に手を加えたもの。

関東大震災下の虐殺事件をいち早く取り上げたのは弁護士の山崎今朝弥の『地震・憲兵・火事・巡査』だが、山崎今朝弥は以後も「平民法律事務所」によって民衆の権利を守るために長く尽力した人物である。彼は明治法律学校（現明治大学）卒業後いったんは検事代理になるが、官僚は性にあわないといってアメリカに渡り、社会主義者と交流するなど異色の法律家である。同じく私学の専修学校（現専修大学）出身の弁護士今村力三郎は、二つの大逆罪事件（幸徳秋水らの大逆事件と虎ノ門事件）の弁護を担当した人権派の弁護士であるが、第V章の講演会の会場が専修大学だったことにちなんで、第二次大戦後同大学の再出発に際して総長に就任したことを紹介した。

Ⅵ　小村家の系図から見た日中関係の変遷

本章は二〇〇八年六月一日、中国山地の人々と交流する会の第十一回平和教育研究交流会議で行われた講演に修正加筆したもの。その前年に行った日露戦争当時の日本陸軍関係の史料調査に当った研究者たちと旧飫肥（現宮崎市日南市）の小村寿太郎記念館で小村寿太郎家の系図を初めとする資料を見せてもらった。余り研究されていない日露戦争前夜からの日中協力からポーツマス条約に伴う満洲問題に関する北京日清会議に及び、当時から秘密にされてきた秘密議事録が第二次大戦後に関係者の努力によって公開されたが、まだ十分には利用されていないことに言及した。関東大震災における中国人虐殺の背景として、日清戦争以来の日中関係の変遷が深く関わっていること示唆した。

一九七六年五月から戦後の外務省記録が、三〇年ルールに基づいて公開され始めたのは画期的な出来事であるが（臼井勝美「外務省記録と日本外交文書」（『みすず』二〇〇号））、実際には三〇年ルールに例外があるだけでなく、公開された文書にも黒塗りの非公開部分があるなど、官庁文書公開は今日なお大きな問題で、むしろ時代に逆行しているかに見える。

Ⅰ　大島町事件・王希天事件と日本政府の対応

はじめに

関東大震災五一周年を迎える一九七五年九月一日に先立って、当時一兵士として東京府下大島町に出動した久保野茂次（敬称略、以下同じ）の日記がはじめて公開され、戒厳令下に朝鮮人虐殺事件や亀戸事件がひきおこされたこの地域における軍隊の動きを克明にしめす貴重な資料として話題となった(1)。とりわけ関東大震災の直後に行方不明になったとしか発表されなかった中国人の知識青年で社会運動家の王希天が軍隊の手で殺された状況は、伝聞証拠ながら、この日記で五〇年ぶりにはじめて明確にされたのである。だがこれを報道した新聞のなかには、王希天事件と密接なつながりをもつ大島町事件、つまり大島町八

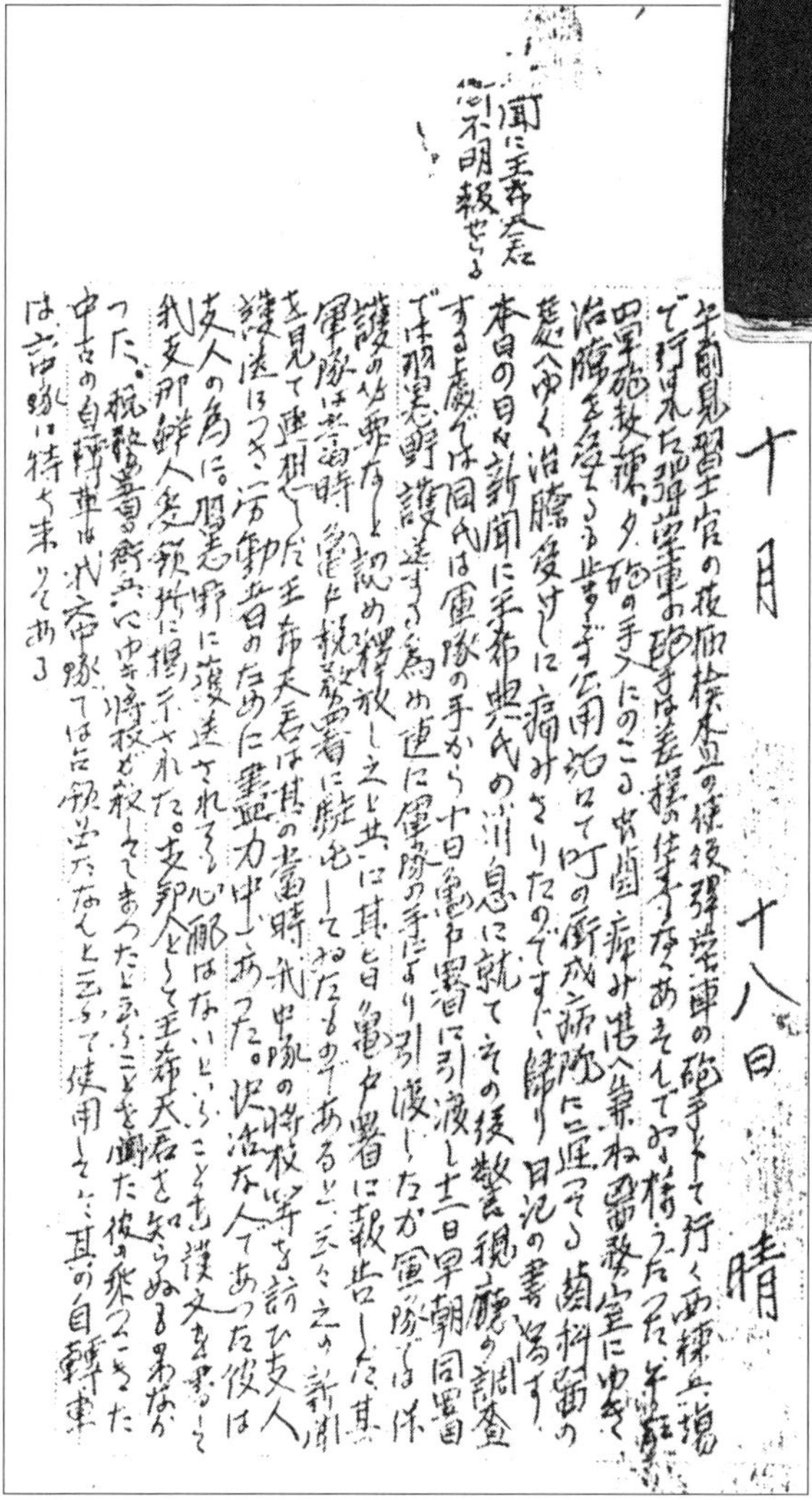

十月十八日　晴

午前見習士官の夜間検査の候補弾薬庫の砲手として行く西練兵場で行はれた弾薬運砲手は差操の件すつなくあそんで終り待つてゐた。午前
四年施設練、夕砲の手入にのこる歯痛み甚へ兼ね医務室にゆき
治療を受ける事出来ずに公用外出にて町の衛戍病院に通つてる歯科医の
處へゆく治療受けしに痛みさりたのですぐ帰り日記の書写す。
本日の日々新聞に王希天氏の消息に就てその後警視庁の調査
する處では同氏は軍隊の手から十日亀戸署に引渡し十二日早朝同署
では習志野護送する為め速に軍隊の手により引渡したが軍隊では保
護の必要なしと認め釈放し之と共に其旨亀戸署に報告した其
軍隊は当時亀戸に駐屯してゐたものであると云々之の新聞
を見て連想した王希天君は其の当時我中隊の将校等を訪ひ支人
護送につき一方勤者のために尽力中であった。非常な人であった彼は
支人の為に。習志野に護送されたる心配はないといふことを謹文を要求して
我支那鮮人受領所に掲示された。支那人全として王希天君を知らぬ者はなか
つた。衛兵に中島将校が殺してまったといふことを聞た彼の乗つてきた
中古の自転車は我中隊では占領なんと云って使用してた。其の自転車
は当中隊に持ち来りてある

聞に王希天君
行方不明報せらる

久保野茂次の日記　本文三〇―三一ページ参照

丁目で中国人が集団虐殺された事件についてふれたものはほとんどなかった。

大島町事件のことは、後述するように日本政府のきびしい弾圧で闇に葬られたものの、これは当時外交問題にもなったし、その事実は『種蒔き雑記』の冒頭にある「平沢君の靴」をはじめ、公表された記録のあちこちに隠見している。(2)

当時の東京市は東は本所、深川両区までで、大島町は北どなりの亀戸町とともに南葛飾郡に属し、おなじく亀戸警察署の管内であった。この地域は中川と隅田川を東西に結ぶ竪川、小名木川などをはじめ堀割が縦横に走っていて水運の便にも富んでおり、早くから工業が発展した。(3) 工場の建設とともに多数の労働者が移住して、新開地をつくっており、朝鮮人、中国人労働者も少なくなかった。大島町は竪川と小名木川に挟まれた東西に細長い地域で、深川寄りが一、二丁目、小松川町との境の中川寄りが八、九丁目である。王希天が会長であった中華民国僑日共済会の事務所は大島町三丁目にあった。

王は震災後早稲田鶴巻町の友人宅に避難していたが、大島町に住む中国人労働者の安否を確かめようと自転車で大島町に戻ってきたところを亀戸警察の手に捕えられ、ついで軍隊に引渡されたまま行方不明となった。当時から軍隊または警察の手で消されたのではないかという疑惑は濃かったが、さきにあげた久保野日記ではじめて真相が伝えられたのである。大島町事件と王希天事件とは密接な関連がある。

これら両事件については早くから松岡文平が一連の論稿でとりあげ、とくに最近のそれでは内務省警保局の『外事警察報』や中国側の資料を利用して究明をすすめている。[4]私も関東大震災朝鮮人犠牲者追悼行事実行委員会編『関東大震災と朝鮮人虐殺』のなかで、これら両事件にかんする部分を執筆した。そのさい久保野日記の提供をうけたほか、アメリカ議会図書館の作成したマイクロフィルム版『日本国外務省文書』の「本邦変災並に救護関係雑件、関東地方震災関係」のリールのなかにある「大島町事件、其他支那人殺傷事件」（以下事件綴りと略称）を利用することができた。[5]これにはこれら両事件を隠蔽しようとする日本政府の動きが具体的に記録されている。だがさきの本では、企画の性格から、それにまた私の外国出張中に印刷されたという事情も加わって、日本政府の対応ぶりに焦点をあててくわしく述べることができなかった。

関東大震災下の朝鮮人虐殺事件については姜徳相・琴秉洞編『現代史資料（6）関東大震災と朝鮮人』（一九六三年）をはじめ多くの資料が発掘され研究もすすんでいるが、日本政府の中枢の動きを具体的にしめす資料はきわめて乏しい。これにたいして中国人虐殺事件とくに大島町・王希天両事件は直接に外交問題となっただけに、政府中枢の具体的な対応ぶりが記録にとどめられている。これら両事件とその善後策をめぐる日本政府の動きを明らかにすることは、朝鮮人虐殺事件や亀戸事件を考察するうえにもあらたな示唆を与えることになろう。本稿ではこの点を中心に考察する。

亀戸の中国人虐殺事件と王希天の殺害

事件綴りの最初には九月六日警視庁広瀬〔久忠〕外事課長直話の「大島町支鮮人殺害事件」がある。

「目下東京地方にある支那人は約四千五百名にして内二千名は労働者なる処九月三日大島町七丁目に於て鮮人放火嫌疑に関連して支那人及朝鮮人三百名乃至四百名三回に亘り銃殺又は撲殺せられたり

第一回は同日朝軍隊に於て青年団より引渡しを受けたる二名の支那人を銃殺し、第二回は午後一時頃軍隊及自警団（青年団及在郷軍人団等）に於て約二百名を銃殺又は撲殺、第三回には午後四時頃約百名を同様殺害せり

右支鮮人の死体は四日迄何等処理せられず、警視庁に於ては直に野戦重砲兵第三旅団長金子直少将及戒厳司令部参謀長に対し、右死体処理方及同地残余の二百名乃至三百名の支

那人保護方を要請し不取敢鴻の台〔国府台と同じ〕兵営に於て集団的保護をなす手筈となりたり
　本事件発生の動機原因等に付ては目下の所不明なるも支那人及朝鮮人にして放火をなせる明瞭なる事実なく唯た鮮人に付ては爆弾所持等の事例発見せられ居るのみ
　尚全管内の支鮮人の保護は軍隊警察に於て之に当り管下各警察に対しては夫々通達済なり。」[6]
　これは大島町事件について警察がわから見た唯一の、しかも相当早い時期の記録である。
　同じ事件綴りのなかには一一月二二日付で古森繁高亀戸警察署長が白上佑吉警視庁官房主事にあてた「支那人被害調査員行動ニ関スル件」という報告書があり、大島町八丁目一四六番地の電気機械修繕業、木戸四郎が調査員一行中の読売新聞、朝日新聞記者に語った話としてつぎのことを伝えている。
「九月三日正午より軍隊約七名が五名の鮮支人を現場に於て撲殺せるを手始めに続て二三丁目方面より支那人を参々伍々連行し撲殺し午後六時迄に約二百五拾名を軍隊・自警団・警察にて惨殺せるものにして、屍体は現場に於て田中と称する人夫が数人の人夫を使役し石油約三十罐を以て焼却し骨灰は地盤五寸余を削り取り荷馬車数台に積載し何れにか投捨せるものなり、何れも警察の指揮の許に行ひ署長は自動喞筒に乗じ現場を監視せることあり、之の虐殺の原因は何れも警察官の宣伝にして当時は警察官の如きは盛に支鮮人は見付け次第殺害すべしと宣伝せり、尚ほ水上派出所巡査にして丈五尺二寸位、色黒き人物は自己と交際ある馬進昌に酷似せる一支那人を針金にて縛し自宅前を通行し群衆と共に現場に連行撲殺せるは群衆の殺気を加へるの原因なれるは疑なき事実なり、又当時支那人の所有金品約壱万余円は警察署にて没収せりと云ふ(7)」

少し時刻にずれはあるが、事実はほぼ合致しており、広瀬のふれていない警察の役割をも述べている。戒厳令で出動した軍隊がおそらく警察と呼応して、まず虐殺を行なって民衆の憎悪と殺気を煽り立て、民衆自身に残忍な手口で虐殺を行なわせるという、いわば上からのリンチのやり方がしめされている。

なお広瀬直話には「鮮人放火嫌疑に関連して」とあるが、これは朝鮮人と誤って殺害されたということを意味するのではない(8)。大島町の場合には、中国人はいずれも単身の出かせぎ労働者で、後でみるように、中国人の経営する客桟＝宿屋に下宿していたのである(9)。

つぎに九月三日という時点と大島町事件の先頭に立った軍隊のことを考えてみよう。

九月一日正午少し前に関東大地震が起ると、すぐに陸軍は行動を開始した。東京衛戍司令官は森岡守成近衛師団長だったが、千葉県下に出張中だったため、石光真臣第一師団長が一時これを代理し、午後一時一〇分に非常警備に関する命令を出した。これによって中央線―新宿―四谷見附―赤坂見附―虎の門―日比谷公園―憲兵司令部―永代橋―両国橋―両国停車場―総武線の線をふくめたこれより以北は近衛師団、またそれより以南は第一師団の警備区域とされた。したがって亀戸町の大半は近衛師団、その南の一部と大島町・砂町などは第一師団の警備区域となった。その後もほぼこの境界線が引きつがれる。このことは以後の事件を考えるうえに重要な意味をもってくる。ただ実際の動きをみると、火災の最中でもあり、必ずしも厳格にはこの線にとらわれずに活動している。

やがて火災は丸の内から下町一帯にひろがり、江東方面への救援には千葉県の習志野や国府台に駐屯している騎兵・砲兵部隊を出動させるよりほかなくなった。第一師団長は一日午後五時に市川町国府台に駐屯する野戦重砲兵第三旅団長金子直に「速かに本所深川方面に出動し同地付近の警備に任ずべし」との命令をくだしたが、下町一帯が火の海となったためになかなか伝達できず、自動二輪車伝令が埼玉県川口を経由して伝達したのが午後九時であった。同旅団長は同日午後一一時に野戦重砲兵第一連隊の二五〇名を深川区に、同第七連隊の二三〇名と騎砲兵大隊の一五〇名を本所区に向けて出動させた。ついで二日午前一〇時には近衛師団の騎兵第一三連隊の二五〇名と同第一四連隊の一三〇名とが、亀戸・錦糸町方面に向かって出動したのである。(10)

こうした陸軍の動きは、東京市編『東京震災録』前輯にある「政府の活動（陸軍省の部）」にくわしい。個々の出動部隊の細部の状況は同書の別輯にある「軍隊の功労者」の勲功具状に出ている。これで野戦重砲兵第一連隊の出動状況を見ると、(11) 九月一日夜半にはまず高梨砲兵少尉外三一名の第一救援隊が亀戸町天神橋付近に出動して江東方面からの唯一の避難路となったこの橋を守りぬいた。おなじ夜半には重田少尉外七九名の第二救援隊が横十間川鉄道橋付近で救援活動にあたり、ついで天神橋付近に転じて横十間川以西の救援に従事した。横十間川は、本所・深川区との境を南北に走っており、天神橋はこれにかかる橋である。二日朝には並松少尉外八一名の第三救援隊が本所方面に出動、大平町付近で活動した。岩波少尉以下六九名の第四救援隊は二日小松川をへて深川方面で活動し、三日午前六時ごろには大島町の進開橋付近に集結し、付近の製粉会社の小麦粉払下げに協力している。亀戸駅のすぐ西を走る街道を南下し、竪川にかかるのが五の橋、小名木川にかかるのが進開橋である。松山中尉外九五名の第五救援隊は二日夜半深川方面に出動、「鮮人の収容を行ひ、地方民の反感を意とせず、鮮人保護の理由を説述し、」三百余人を「収容救護」した。岡部少尉外一〇八名の第六救援隊は小松川方面に出動、「点点徘徊せる百七十余名の鮮人を保護検束し以て民心の沈静に努力し」、三日には深川方面に出動、同日午後一時大島町に帰来、同夜は小松川町の警備に当っている。なお付言すると、近衛師団の騎兵第一四連隊も三日早くから大島町の警備に当っている。

救援隊の活動の概況はわかるが、あとで公式にまとめられたものだけに、きれいごとに終っている。ところでさきの日記の筆者は野戦重砲兵第一連隊第六中隊の一等卒としてこの救援隊のなかに参加していたのである。

久保野一等卒は市川町国府台の兵営で大地震にあった。日が暮れると東京市全体が火の海と化し物すごい壮観で、兵隊たちはなぜ眼前の災厄の救助に行かないのかと話しあった。二日午前二時ごろ作業服で乾パン二食分を携行、馬で小松川まで行き、半数が馬をつれて隊にもどり、残りの半数は人命救助のため錦糸町の天神橋向一帯にわたり、煙の中火の中をくぐって目もあてられない惨状のなかで救援活動を行なった。午前一〇時頃、亀戸を引上げ、小松川橋土手のところで馬をもってきていた交代者とかわり、その馬で隊に戻った。これが第一次の出動である。明記してはないが、日記の全体から推して重田少尉の第二救援隊に加わっていたらしい。

この時点まではまだ朝鮮人にかんする流言は現われていない。朝鮮人が放火、投毒、暴動を行なっているとの流言は九月二日の昼ごろから急激に広がり、朝鮮人への迫害、虐殺がはじまる。午後四時には警視庁が各署に「不逞者取締」を下達した。東京市と荏原、豊多摩、北豊島、南足立、南葛飾の五郡に戒厳令の一部適用の件が公布施行されたのは二日午後四時ごろで、第一師団では午後六時三〇分に戒厳令を各隊に伝達したとしている。ところが亀戸署管内に流言が起こったのは意外におそく、警視庁編『大正大震火災誌』はこれを二日午後七時頃としている。[12]『かくされた歴史―関東大震災と埼玉の朝鮮人虐殺事件』を見ると、埼玉県南部にはすでに一日夜に流言が広がっていたとする記録がある。[13]朝鮮人・中国人が多数居住していて一見流言が発生しやすい条件の多い亀戸署管内で流言の起こるのが遅かったことは、警察の通信機能の回復にともなって流言が拡大したという説を裏書きしているようである。ただ小松川警察署の報告だけは、流言の「管内に伝はりしは九月一日午後八時にして之と同時に鮮人に対する迫害も亦開始せられ、本署に同行し来るもの多数に上りしを以て翌二日軍隊の援助を求めて警戒及び鎮撫の事に従ひ」と、早い時間になっている。[14]

こう見てくると、震災の混乱の甚大さに比して警備力の手薄な江東地区では、流言の流布（これも警察・軍隊の活動が惹起したのであろう）とほとんど同時に出動中の軍隊に戒厳令が下達され、軍が朝鮮人虐殺の先頭に立つとともに民衆の間にも殺気をもりあげていったといえそうである。[15]第一師団の「将来参考トナルヘキ所見」が「二日午後四時以来鮮人の暴行襲来説盛にして市民の混乱名状すべからず、軍隊は警備救護に全力を尽すも尚足らず、各所に分遣活動しつつありし際、偶々戒厳布告を目にし憲法第十条〔一四条〕の戒厳の宣告ありしと思惟したるに、戒厳令中の第九条、第十四条の規定を適用す云々と公布せられたりしが、成文を軍隊に於て承知したるは早くも九月四、五日なるべし……今回の戒厳は吾人の予期せる戒厳と名実相伴はざりし」と述べているのは、[16] 陸軍が戒厳令を対敵戒厳と考えて行動したことを裏書きしているが、とくに江東地区においてそうだったのであろう。

野戦重砲兵第一連隊の救援隊のうち第三救援隊までは戒厳下令以前にひきあげ、第四救援隊が出動中に戒厳下令に接し、第五、第六救援隊は戒厳下令後に出動している。久保野日記は後日の記事で、岩波少尉（第四救援隊）が小松川で朝鮮人労働者二百人を殺害したと書いている。[17]）

ところで久保野はこの日の深夜にふたたび出動する。前後から推して第六救援隊らしい。日記によると、三日の午前一時ごろ「不逞鮮人」の井戸への投毒、爆弾投下、強姦等の鎮圧という理由で出動を命じられ、三八騎銃に実弾を携行して大島町に出動した。小松川あたりから地方人は日本刀・竹槍をもって武装し、軍隊が到着すると在郷軍人等は朝鮮人と見るやものもいわずに惨殺し、川に投げこんでしまう。午後に砂村から消防隊が、朝鮮人が百人も一団でいて不安だと応援をあおいできたので出動し、長屋を包囲したが一人として抵抗する者がなかったので、在郷軍人とともに小松川につれていって収容し、その夜は分隊は東亜製粉会社のコンクリートの上に寝た、とある。東亜製粉会社は大島町四丁目で、進開橋の北のたもとにある。大島町事件に直接関係している記事はない。

九月三日には戒厳令が東京府・神奈川県全域に拡大され、関東戒厳司令部が新設され、司令官には福田雅太郎大将が任命された。この日午前九時には臨時震災救護事務局警備部の会合で「東京方面ニ於ケル警備事項」を協定した。そのなかには「朝鮮人にして容疑の点なき者に対して、之を保護するの方針を採り、成るへく適当なる場所に集合避難せしめ、苟くも容疑の点ある鮮人は、悉く之を警察又は憲兵に引渡し、適当処分すること」「要視察人、危険なる朝鮮人、其他危険人物の取締に付ては、警察官及憲兵に於て充分の視察警戒を行ふこと」があった。[18] ついで同日午後四時には第一師団長は「警備ニ関スル隷下各団隊ニ対スル訓示」を出し、「鮮人は必ずしも不逞者のみにあらず、之を悪用せんとする日本人あるを忘るべからず、宜しく此両者を判断し適宜の指導を必要とす」と指示した。[19] こうした方針が下達された直後に川合義虎、平沢計七ら亀戸事件の犠牲者たちが警察の手で検束されたのである。この訓示は、軍隊が警察以上に社会主義者を敵視し、その活動を危険視していたことをしめしている。（ただし註（8）で引いたように、九月五日、警備部は朝鮮人暴動の流言が虚報と判明した後の対策として社会主義者の煽動を宣伝しこれに攻撃をむける方針を打ちだすが、これとは段階がちがうと考えられる。）

四日には戒厳司令部は東京市東部に散在する朝鮮人を習志野演習場廠舎に収容する方針を決め、午後四時に大島区方面警備の野戦重砲兵第三旅団長に命令し、つづいて午後一〇時には騎兵第二旅団長に対し、「各隊は其警備地域附近の鮮人を適時収集し、国府台兵営に逓送す」「貴官は習志野衛戍地残留部隊を以て国府台にて鮮人を受領し、之を逓送して宿舎に収容し、之か取締に任ずべし」「給養は主食日量米麦二合以内、賄料日額一五銭以内」の命令が下された。[20]『東京震災録』前輯の「政府の活動（陸軍省の部）」には、第一師団長は三日午後朝鮮人暴動の惹起した「騒然たる有様」を鎮静させるために「各所散在の支鮮人」を収容することを戒厳司令部に提案し、警視総監とも協議したとある。この本に「支鮮人」という言葉が出てくるのはここだけのようである。これによれば警備の強化がねらいだということになるが、少くともそれとともに広瀬直話にある外交上の配慮にもとづく警視庁の要請がつよく作用していて、命令の表面には出ていないが、むしろ中国人「保護」をおもなねらいとしていたのではないかと考えられる。

久保野一等卒は九月四日に帰営する。五日の日記には朝鮮人虐殺のことを記録し、「国家の外交上から云ふても文明国といふ立場から云ふても鮮人のぎやくさつはあまり地方の在郷軍人、青年団が無智すぎやしまいかと思はれる」と書き、さらに欄外に「日本人の人類愛を忘れた国民動作」と書き入れている。それとともに「本日軍隊の手により鮮人支那人合して千二百名許り習志野に送りた」とある。六日には亀戸町に出動、その晩は東洋モスリンに仮眠、七日から亀戸停車場前の「支鮮人受領所」で勤務を続けることになる。この名前が仕事の内容を明確に物語っているが、この「支鮮人受領所」が数日後には王希天虐殺事件の舞台となるのである。ここで当時の久保野の動きを述べておくと、七日午後から八日にかけて東洋モスリンの野戦重砲兵第三旅団本部の営兵、九日は亀戸駅前で「支鮮人受領の任」に当り「支鮮人千余名を津田沼まで送り習志野憲兵隊に引渡す」、一〇日「支那人の護送」、一一日厩当番、十二日「第六中隊の支鮮人受領場亀戸税務署に引越す」、十三日「午前中税務署の支鮮人受領事務引上、東洋モスリンに帰る」、一四日「支那人拾八名ばかり津田沼まで護送」、二〇日帰隊となっている。なお大島・亀戸から尾久・三河島・南千住にかけて住んでいた中国人労働者は習志野収容所に収容されたが、その数は一六九〇名にのぼった[21]。朝鮮人は九月一五日までで三二六九名とされている[22]。

王希天のことについては、後にふれる『東京朝日新聞』一九二三年一〇月一八日付が紹介し、松岡論文もおもにこれによっている。ここでは事件綴りにある「支那人殺傷事件に関する支那側の調査及び輿論」の記載を引用しておこう。

「王希天君は吉林県長春の人、民国二年〔一九一三年〕渡日留学す、六年第一高等学校に入学し、民国七年名古屋第八高等学校に転ず、十年東京中華留日基督教青年会幹事となり、十一年中華労働者共済会々長と為る。賦性沈毅大志あり、才に長じ同情心に富む。留学時代に在りては愛国運動を為すこと熱烈なり、七年日支密約成る、王君同志を糾合して京津に在りて救国団を組織し、東西奔走して余力を遺さず、故に日本政府の忌む所となる、次いで国事為すなきを以て憂憤疾を成し日本に留る、友人之に青年会の事業を為し精神運動と社会運動とに徒〔従〕事せんことを勧む、民国十一年の頃は支那労働者の日本に赴く者五千余人を下らず、王君労働者に同情す、故に青年会の職務を辞し、共済会を設立し、専ら支那人労働者事業を弁ず、此時益々日本政府の容れざる所となる。常に日警に拘留せられ辱めを受く、王君肉体精神上の犠牲甚だ大なり(23)」

一九一八年に日本が中国の段祺瑞政権と日中共同防敵軍事協定を締結したときには、中国人留学生は反対運動を起こし多数の学生が帰国したが、翌一九年の五・四運動の際にも東京では五月七日に中国人留学生が各国の駐日大・公使館にたいして山東処理反対の請願デモを行なった。このときも王はリーダーのひとりで、中国公使館に突入しようとして検束された三十余名の学生の善後処置の協議にあたっている(24)。なお中華民国僑日共済会（華工共済会ともいう）について付言すると、当時その事務所は上述のように大島町三丁目におかれ、ここで中国人寮を経営するとともに、治療・教育・慰問の各部を設け、救世軍の山室軍平ら日中両国の有識者の支持を得て中国人労働者の共済活動にあたっていた(25)。

王が行方不明になった前後の動静については、さきの「調査及び輿論」のなかで、王の友人で中華民国僑日共済会の総幹事である王兆澄[26]が調査した結果を報告している。これによると、王希天は九月九日午前八時半牛込区鶴巻町の宿舎から「麦藁帽子を戴き短袖の襯衣《シャツ》を着し竪縞の半ズボンとチョコレート色の靴を穿ちWを黒字で表した帯《バンド》を締め、手に銀側の腕時計をはめ大塚一三三八番の自転車に乗り[27]」中国人労働者の情況を視察、慰問するため大島町に向かった。正午ごろ僑日共済会の事務所に立寄ったのち、中国人労働者の安否を調べるため出掛けてそのまま行方不明となった。警視庁編『大正大震火災誌』はつぎのように記し、これが日本政府の正式の説明となっている。「九月十日王希天の市外大島町を徘徊するや、亀戸警察署は万一の危険を虞れ、一時同署に収容保護を加へ、十二日早朝之を習志野救護所に送致せんとし、同方面警備の任に当れる軍隊に交付したるに、同軍隊係官は、王が普通支那人労働者と挙措を異にするのみならず、日本語にも熟達し、且相当の教育あるを見て、習志野に送致するの必要なしと認めたる折柄、彼も亦寓所たる早稲田に帰還せられん事を促して已まず、是に於て軍隊は其希望を容れて放還したるに、遂に寓所に帰らずして行衛不明となれるなり[28]」。同書が「第五章治安維持第五節要視察人ニ対スル措置」のなかに亀戸事件、甘粕事件とならべてこの事件を入れていることに、王にたいする警視庁の態度が問わず語りに表われている。

この説明には色々と疑問が多いが、順序を追うて考えてみよう。まず九月九日から一一日までのことは不明ないしきわめて簡単である。王兆澄の調査によると、中国人労働者王輝明が九月九日午後四時大島町二丁目で捉えられて亀戸郵便局隣の憲兵司令部に行ったが、その際王希天も捉えられており、一〇日朝、王輝明は習志野に送られたが、王希天は憲兵にかわって労働者の事務を弁じていた。また中国商人伍明鐘は一〇日午前一一時に大島町共済会に来たところを日本歩兵に捉えられて亀戸警察署に送られ、その日午後五時に拘禁されている王と言葉を交わしている。一一日午後伍は習志野に送られたが、王は「労働者の事を弁ずるに因りて千葉に至る能はず」と語ってそこに留まった。一一日に亀戸警察署に拘留された労働者周敏書の語るところでは、王も拘留されており、一二日午前三時には二人の兵士が来て麻縄で王を縛りあげ、王が苦しんで縄をゆるめるように言ったが兵士は聴かずに、そのまま王をどこかに引いていってしまったという(29)。そしてそれ以後のことは推測する以外になかったのである。

なお王兆澄が王希天の行方を探しているとき、大島町一丁目で「日本労働者の首領佐藤」から、九月九日午前一一時に王希天を見たと聞いた。そして佐藤が日本労働者頭領等は王希天を恨んでいる、「一、王が平常支那労働者を幇助するに因り、二、共済会事務員に日本人を用いざるに因り、三、日本労働者頭領の意見を聴かざるに因る」と述べ、さらに主として中国人を使用していた日本労働者の頭領林某も殺されたと語ったので、王はますます危険を感じたという[30]。

ここで久保野日記に移ろう。一〇月一七日付の『東京朝日新聞』（市内版）には、「王希天氏行方不明、震災の際労働者の為め尽力中」と題して、「警視庁の調査する所では同氏は軍隊の手から十日亀戸署に引渡し、十二日早朝同署では習志野に護送する為め軍隊の手に引渡したが、軍隊では保護の必要なしと認めて釈放し、之と共にその旨亀戸署に報告した。その軍隊は当時亀戸税務署に駐屯してゐたものであると」とある。久保野日記は一〇月一八日の記事にこれを書き写したうえ[31]、「之の新聞を見て連想した。王希天君は其当時我中隊の将校等を訪ひ支人護送につき労働者のために尽力中であった。快活な人であった彼は支人の為に習志野に護送されても心配はないといふことを漢文を書して我支那鮮人受領所に掲示された。支那人として王希天君を知らぬ者はなかった。税務署の衛兵にゆき、将校が殺してしまったと云ふことを聞た。彼の乗ってきた中古の自転車は我六中隊では占領品だなんと云ふて使用してた。其の自転車は六中隊に持ち来りてある。」一八日の同紙（市内版）にも王希天にかんするより詳しい記事が出ているが、久保野日記はこれを一九日の記事の欄外に貼りつけ、友人から聞いた王希天が殺害されたときの模様を書いている。

「中隊長初めとして王希天君を誘ひ、お前の国の同胞が騒いでるから訓戒をあたへてくれと云ふてつれだし逆井橋の処の鉄橋の処にさしかかりしに期待〔待機〕して居た垣内中尉が来り君等何処にゆくと六中隊の将校の一行に云ひ、まあ一ぷくでと休み背より肩にかけ切りかけた。そして彼の顔面及手足等を切りこまさきて、服は焼きすててしまひ、携帯の拾円七十銭の金と万年筆は取つてしまつた。そして殺したことは将校間に秘密にしてあり、殺害の歩哨に立たせられた兵により逐一聞いた。右の如きことは不法な行為だが、同権利に支配されてる日本人でない、外交上不利のため余は黙してる。」

　こう見てくると王希天が野戦重砲兵第一連隊の将校によって殺害されたことは確実である。だがそれはおそらく将校たちの一存で殺害したものではないであろう。後述の政府の記録からみると、一方では警察から危険分子だという入れ知恵があり、他方では野戦重砲兵第三旅団長の指示があったようである。九月一二日午後九時第一師団司令部とある「一師報第一九号[32]」では「支那思想団の一部亀戸付近に潜入し何等か画策せる形跡あり（3SAB〔野戦重砲兵旅団〕報告）」とあり、これと前後して「警察は当面の救護救恤に没頭し治安維持の能力疑はしきものなきに非ず」「望むらくは警視庁に於て高等保安の為め責《ママ》極的活動を為さんことを、然らずんば或〔は〕軍隊撤退時不惻《ママ》の変を招来せんことを惧る、故に将来平時状態に復帰する場合を顧慮し警察力の増加を企図し最高政策に於て軍部と行政部相連繫して支鮮人の処置其他将来の方針を決定し関係地方官憲を督励するを急務とせん」とある。戒厳司令部では九月一一日ごろから兵力による直接警備を逐次解除して警察に移す方向にすすんでいた。それだけに第一師団司令部でも王希天の動きを危険視し警戒していたとみることができる。

政府中枢の対応

政府部内で中国人虐殺事件がはじめてとりあげられたのは、九月一六日の臨時震災救護事務局の警備会議においてであった。当時の内閣は九月二日に成立した第二次山本権兵衛内閣で、内相は後藤新平、外相は伊集院彦吉、陸相は田中義一、法相は平沼騏一郎であった。警察関係では内務省警保局長は後藤文夫で、一〇月一二日に岡田忠彦と代わり、警視総監は震災当時の赤池濃から九月五日に湯浅倉平へと代わっていた。戒厳司令官は福田雅太郎が甘粕事件の責任をとって九月二〇日に山梨半造に代わる。戒厳司令部参謀長は阿部信行であった。

この日の会議では外務省から出席した出淵勝次亜細亜局長にたいして、大島町で約三百名の中国人労働者が殺害されたことを湯浅警視総監が言明し、正力松太郎警視庁官房主事もこれを裏書きしたが、陸軍がわではこれを否認した。出淵が王希天の所在を訊ねたが、正力は行方全然不明なりと言葉を濁した。二〇日に広瀬課長に質問したところ、やはり行方不明だと言っただけで多くを語ろうとしなかった。そこで外務省では「王希天は在京支那人中有名なる煽動家にして曾て排日張本人として其の筋より睨まれ居りたる人物なるを以て偶々大島町附近を徘徊したる機会に警察署に留置せられ陸軍側にて之を連出し多分何れかに葬り去りたるものと想像せらる[33]」との判断をくだした。

九月九日以来王希天の行方が判らなくなったことはただちに中国人留学生のあいだに広がった。中国基督教青年会の幹事で僑日共済会でも王希天を助けていた王兆澄が中心になって、牧師の丸山伝太郎、救世軍の山室軍平、佐藤定吉博士ら日本人有識者にもたのんで、必死の探索がはじまった。だが他方、大島町事件のことは、まだ中国公使館にも在日中国人にも知られておらず、震災の際日本人の手で危害を受けた中国人は四、五名と認めている模様であった[34]。

中国では震災直後から日本人罹災者ならびに在日中国人罹災者にたいする救援、慰問活動がはじまり、中国政府はじめ各省の慰問使が来日した。他方、故国に帰国する中国人罹災者は九月六日に神戸を出帆して上海に向かったエムプレス・オブ・カナダ号の三六〇余名を最初として、旬日のうちに五千余名にのぼった。これ以後の中国がわの動きは「支那人殺傷事件に関する支那側の調査及び輿論[35]」にくわしい。九月二六日には上海中華新報の特派員張熾章が神戸から「震災後の日本」の第一信を寄せ、中国人迫害の事実をはじめて公けにし、ついで同月三〇日の晨報ならびに一〇月三日の天津益世報に被害者の手記が掲載された。この時点での中国の代表的言論ともいうべき張熾章の「震災初期の混乱と中国居留民待遇問題」(中華特報〔新カ〕九月二六日)は、震災下における朝鮮人虐殺事件を批判し、日本政府がその真相を明らかにし自警団等の行動を糾明すべきだとしたが、中国居留民への迫害については、秩序なき暴民によるか、朝鮮人の嫌疑によるもので、中国居留民に対して特に悪意ありと視るのは当らないとした。そして日本当局が中国人を保護したことを諒とし、とくに中華学会が中国人留学生のために尽力したことを評価している。まだ大島町事件も王希天事件も知られていなかったのである。

一〇月一二日には浙江省温州出身の罹災民六二名が帰国し、その報告によってはじめて大島町事件と王希天事件のことが伝えられた。そのなかには大島町事件で負傷したが死んだ真似をして一人だけ逃れた黄子連が交じっていたのである。[36]一〇月一三日の上海の新聞は一斉に東京府下大島町における中国人労働者一七三人虐殺の惨事を報道した。これと前後して王希天事件を中心に調査していた王兆澄も上海に帰り、その報告が一〇月一七日の『中華新報』に掲載された。一〇月二五日までに王兆澄がまとめた被害調査は、総数三二四名内死者二七五名、重傷四七名、軽傷二名であった。中国の世論は憤激に沸き、日本政府と厳重に交渉し、事実を明確にしてその責任を問うべきだとの声があがった。

ここで日本国内における虐殺事件の報道についてみると、政府はすでに九月二日以来朝鮮人に関する記事の掲載を禁止していた。大杉栄夫妻を九月一六日に殺害した甘粕事件については軍法会議の予審決定が発表されたのは九月二四日であるが、これには記事解禁ではない旨の断り書がついていた[37]。亀戸事件がはじめて発表されたのは一〇月一〇日である。『東京朝日新聞』でみると自警団の虐殺事件は一〇月一七日にのっているが、殺害されたのが朝鮮人であることは書かれていない。自警団の朝鮮人虐殺事件が記事解禁になったのは一〇月二〇日である。王希天が行方不明になったことはさきにもふれたように、一〇月一七、一八両日に報道されたが、二一日の『東京朝日』は朝鮮人殺害の記事とならべて、「在留支那人で朝鮮人と誤認され或は反抗のため殺害された者多数あるらしく」「殺された者百六、七十名、負傷百四、五十名」に達する予測で、最も「猛烈だつたのは府下大島で、次では横浜郊外戸塚付近、月島及び富川町付近である」と書いている。なお、甘粕事件の発覚にからんで陸軍と警察とが対立していたことも、この事件に関係するので、留意しておく必要がある[38]。

こうした動きをひかえて、一〇月一三日には在日中国人から出された王希天の捜索願にたいする回答のことが警備会議で陸軍、内務、司法三省代表によって協議された。戒厳司令部がだした覚書はこの事件に警察のはたした役割を強調するものであった。

「王希天ノ件左記ノ通

佐々木大尉は亀戸税務署に中隊本部を置き鮮人及支那人を習志野に汽車輸送を為すに当り其の受領及運輸の業務に従事中九月十一日午前十一時頃巡査か王希天以下十名の支那人を護送し来りたるに依り之を受取りたるに巡査の一名か王希天は排日支那人の巨頭なれは注意せられたしと告げたるを以て口頭にては判明せざるが故に書面にて通知せられたしと求め置きたるに午後二時過に至るも書面を送付せざるに依り鉛筆書きにて亀戸警察署に支那人王希天に関する調査の件至急御送付相成度云々なる書面を差出したるに亀戸警察署長より半紙全罫紙一枚に王希天の素行に関する事を認めたる書面を同日午後三時四十分に送付し来りたり、依て王希天は直に習志野に送るは危険なりと思惟し翌朝早く野戦重砲兵第三旅団司令部に同行するを適当と認め其の事を亀戸警察署に告げて王希天を預け置き其の旨を上記旅団司令部に報告したり、而して翌十二日午前三時亀戸警察署より王希天を受領し亀戸町東洋もすりん会社に在りたる右旅団司令部に同行の途中種々取調を為したる処王希天は相当の教育もあり元支那の名望家にて在京の支那人中に知られ居り何等危険なき者と認めたるに依り旅団司令部に連れ行き厳重なる手続を為すよりは此の儘放遣するを可なりと考へ本人に対し「習志野に行くことも嫌つて居る様であり又教育もあるのであるから十分注意をして間違をせぬ様にせよ、自分が責任を負ひ逃して遣る」と告げたれば本人も非常に悦びたり、仍て同人午前四時三十分頃前記会社西北方約千米の電車線路附近に於て同人を放遣したるに東方小松川町方面に向ひ立去りたり(39)」

佐々木大尉は野戦重砲兵第一連隊の第六中隊長で、第六中隊は上述のように久保野の所属していた中隊である。これはのちのものにくらべるとかなり克明な覚書となっており、警察との関係と旅団司令部への報告がとくに注意をひく。ただ一一日以前のことが書いてなく、また旅団司令部に同行の途中云々以下は急に不自然になる。だがそれだけにこの覚書は改作されて、つぎのように回答することになった。

「支那人王希天は九月十日大島町を徘徊中保護の為亀戸警察署に収容し十二日早朝習志野に送致する為軍隊に交付したるに軍隊は取調の結果特殊の保護を加へざるも危害を受くる虞なしと認め之を放還せり(40)」

これはさきに引いた警視庁編『大正大震火災誌』の記述と同じ骨子で、その後一貫して日本政府当局の回答方針となったのである。

だがやがて上述のように中国で大島町事件ならびに王希天事件がとりあげられ、施履本駐日代理公使からも一〇月二二日付で中国人殺傷事件に関する抗議があったため、警備会議という事務当局の段階だけでは処理できなくなった。一〇月二九日には岡田警保局長が出淵亜細亜局長を来訪し、これら両事件は結局隠蔽することが得策だと考えるが、「本件は頗る重大問題なるに付き閣議又は総理及本件に最も関係深き内務、外務、陸軍、司法の五大臣協議の上其の方針を定むるの外なからん」[41]として内務大臣もこれを発議することに異存がないと伝え、外務大臣の意向をたずねた。出淵局長はとりあえず「外務省としては成る可く事実の明瞭すること、対支政策上得策とするも、右両件は種々なる経緯ありて内政上余程困難の問題と思はるる故関係各省に於て之を隠蔽する方針なるに於ては外務大臣も亦強て之を摘発する意嚮には非る可し」と答えた。追て伊集院外相に報告すると、外相は内務大臣の発議で閣議ないし五大臣会議の議に付するのは異存はないが、よく各大臣の説明を聞いたうえで自分の意見を述べたいとのことで、これを警保局長に伝えた。だがその後警視庁内の意見がまとまらないこともあってのびのびとなっていたが、一一月七日の閣議後、突然この件についての五大臣会議が開かれ、結局「諸般の関係上之を徹底的に隠蔽するの外なしと決定し其の実行方法は之を警備会議の議に付する」こととなった。外相は「之を隠蔽することとなれば或は支那人の疑惑を招き排日運動の因をなすに至るやも知れず、従て此の点御互に決心をなし置くこと必要なり」と発言している。

五大臣会議が突然開かれたことについて、この記録は「七日朝刊読売新聞の本件に関する記事与て力ありと思はる」と述べている。当日の同紙には北京政府が虐殺調査委員の日本派遣を決めたとの記事があり、この問題を論じた社説は削除抹消されたままになっている。なお読売新聞はこの問題でもっともきびしく日本政府の責任を追及し、真相を明らかにすべきことを痛論した新聞である。[42]当時の社長は米騒動当時の大阪朝日新聞の筆禍事件のあとに東京朝日の編集局長を辞めた松山忠二郎で、同事件で朝日を辞めた大庭柯公、丸山幹治、稲原勝治らをまねいたほか、中国問題の権威小村俊三郎、外交官出身の外交研究家信夫淳平らを迎え、国際問題を重視していた。[43]大杉栄の年来の友人でその行方を熱心に探した安成二郎もその婦人部長であった。しかも小村俊三郎は、[44]上述した丸山伝太郎らと真相究明のため努力をはらっていたのである。

おなじ七日の午後五時から警保局長の召集で警備会議が開かれ、五大臣会議の方針を説明したのち意見が交換された。出淵局長はつぎの点を記録させている。（一）警保局長は小村俊三郎一派の熱心な運動者に対しては国家利益のため隠蔽のやむを得ないことを説明して諒解を求めることにしたと報告したのにたいし、小村欣一情報部次長は何れも主義上の運動者なので諒解を求めることは困難であろうと注意した。（二）出淵局長は、隠蔽とは事実無根とするのか、調査を遂げたが真相判明せずとするのかと問い、後者の建前で進むこととなった。なお出淵は目撃者の証言その他によって万一真相が判明しても政府としてはあくまで加害当時の状況不明をもって押し通す覚悟が必要だと述べ、ほぼ容れられた。(三) 湯浅警視総監はすこぶる沈痛な態度で、「本件は同官の未だ際会せざる重大事件なり、本件は実在の事件なれば之を隠蔽する為には或は新聞、言論又は集会の取締をなすに付きても事実に於て或種のくーでたーを行ふこととなる義にて誠に心苦しき次第なり、又本件は必ず議会の問題となる可き処其際には秘密会議を求め得可きも、少く共事前予め各派領袖の諒解を求め置くこと必要なり、さればとて本件の隠蔽又は摘発、何れが国家の為め得策なるかは自分としては確信無之、政府に於て隠蔽と決定したる上は勿論此方針を体し最善の努力をなす可きも自分の苦衷は諸君に於て充分推察あり度し」と熱心に述べた(45)。さらに新聞取締の困難が論じられ、結局、警保局長が適当の機会に新聞代表者をよんで厳重取締の方針を告げることとなった。なお警保局長は新聞取締の必要上、戒厳令の撤廃を延期したらどうかとはかったが、同意者が少なく、そのままとなった。

一〇月八日には出淵亜細亜局長が施代理公使に回答書を手交した。それは震災当時日本人のため中国人が殺傷された事実を認め、かかる不祥事を惹起したことにたいし遺憾の意を表し、今後も調査続行の上、事実が判明し次第これを通告し、責任者は公正に処罰するというものであったが、具体的な被害については大島町事件にも王希天事件にもふれず、中国人一名の殺害と四名の傷害事件について起訴中であると述べていた。施代理公使は今回の回答の被害はきわめて一部分にすぎないが、日本政府は本日の回答に従ってさらに多数の被害者について調査報告し、公正に犯人を処罰し責任者を処分して法治国の面目を保つことを信ずる、予としては本国の世論もあることであるが、でき得る限り円満の解決をはかり事件の拡大を避けたいと語った(46)。

一一月一六日には戒厳令が廃止されたが、その翌々日にあたる一八日には中国人被害の真相調査のため来京中であったキリスト教牧師兪顕庭、仏教僧徒包承志ならびに顕蔭の一行が大島町における中国人被害の実状調査を行なった。第一節のはじめにかかげた木戸四郎の話は、この一行に加わっていた読売新聞、朝日新聞記者三名が「同地の小児等に当時の状況を聴取中」、木戸が「子供に聞いたのでは解りますまい」と言って、中国人虐殺の当時の状況を述べたものである(47)。古森亀戸警察署長の報告は、木戸のことについて「本人は拾二三歳の頃より主義的研究をなし来りし由にて現代資本制度を排するの言辞を洩らし前記新聞記者に語りたる一切は既に弁護士山崎今朝弥に面会の上通報し置きたる由にて言動過激の性あるものと認め引続き視察中」と付記している(48)。

事件綴りのなかには同じ一一月一八日に府下大島町三丁目より八丁目に至る間を調査した丸山伝太郎、河野□吉、小村俊三郎の連名による「支那人被害ノ実状踏査記事」がある(49)。これはタイプ謄写一二ページのもので大正一二年一一月の日付になっているが、この事件綴りのなかには「秘（日本人限り）大正十三年一月小村俊三郎氏より松井外相ニ提出」

と墨書してある。第二次山本内閣は大正一二年（一九二三年）に虎ノ門事件のため倒れ、翌年一月七日に清浦奎吾内閣が成立し、外相は松井慶四郎になっていたのである。

この冒頭には、「府下大島町ニ於ケル支那人被害ノ事実」は中国新聞紙に記載してあるのみで、日本政府はこれを事実にあらずとしているが、「政府自ら其真相の捜査に従事したるの跡なきのみならず併せて内外の耳目を蔽はんとするが如」き情況にたいし「当局の反省を求めん為親しく実地を踏査」したところ「逆殺の惨状は真に言語に絶し支那新聞紙の記載と符合するのみならず却つて其以上に出で支那の労働者を現場に誘致し民衆と共に之を屠殺し而して其証跡を煙滅するに皆な軍隊警察の加はり居る確証を的知し且つ其警察官は現に平然として勤務に服し居り、事件の当日を経る事既に三け月に垂んとするも司法官は未だ曾て犯罪の調査にすら従事したる形跡なき等驚く可き事実を発見せり」として、「我官憲の参考に資する」ためこの大要を記述したとある。

小村らはまず大島町三丁目の華工共済会元事務所に行ったところ「同事務所は既に之を撤廃し日本人の居住し居るを見」、差配所に行って主人不在のためその養女に聞いたところ「元共済会長王希天は九月九日差配所にも来りたるが混雑中十分間計り留り居りたるのみにして直ちに八丁目地方に支那人の安否を確めん為出て行きたる儘再び帰り来たらず、同人は善良の人物なりし故平素親切に之を世話し遣り其行衛不明となりしと聞き痛く同情に堪へず、且つ同人等の世話し居たる支那労働者も何等不都合の事なき人々なりしに日本人の為に惨害を被りたると聞き何如なる事情ありたればにやと甚だ奇怪に思ひ居れり云々と、尚王希天に次ぎて共済会幹事たりし王兆澄等は事件後三度同所に来り其跡始末を為したり」と語った。

三丁目を辞して「六丁目裏通り元支那人労働者の合宿所七軒の所在地を検分せるに何れも日本人避難者に依つて占領せられ居れり」。ここでも差配人の店は主人不在のためその妻女と老母について九月三日の実況をたずねたところ、「三日早朝二発の銃声あり、集合の合図とも曰へり、次で剣付鉄砲の兵士二人裏長屋に来り支那人を尽く其合宿所より裏通りを経て何れにか引立て行き、妻女自身も之を望見し多数の民衆も兵士二人と共に之を囲繞し行きたり、支那人等は其儘八丁目に於て殺されたりとは一般の噂さなりと云々とて多くを語らず」ということであった。

ついで「所謂八丁目荒地の現場を探検せるに此の地方は幾多の牛乳搾取所の散在せる町端れの場所にて其間に放牧地蓮池及工場予定地等あり、先つ幾軒かの牛舎に就きて当時の事情を釈明せんとするも多くは言を左右に烈〔託〕して実を告げば〔ず〕或は震災当時は地方に避難して家に在らず、或は家に在るも外出を避けて実情を知らずと答ふるもの多きも支那人虐殺の事実丈けは何れも之を否定せず、且つ幾人となく其現場をも指示せり」「之を十二三才乃至十四五才の少年に問へば無邪気なる彼等は皆逆殺か午頃に行はれたる事悲鳴を聞たる事爾後数日間屍体は空地一杯に其儘委棄ありたる事臭気甚しかりし事其後二日間に至り焼却し其跡に石炭殻を撒布せる事等を告げ中には彼等の父は薪割や竹槍を持行きし事等を語るものすらあり、而して一行の少年と語り居たる時其母らしきもの窃かに之を呼付けて何事かを戒むるを実見せる事実ありき」

この記録はさらに「同日同地方ニ於テ或ル教育アリ理解アル一青年ヨリ聴取セシ実話」を記しているが、残念なことにこの部分は判読できない。

しかし考えてみると、小村らの三人の実地踏査は兪一行の調査と同じ日、同じ場所であるばかりでなく、子供に聞き、ついで青年に聞いている点からしても、小村らが兪一行に同行していたのではないかと考えられる。ただ小村らは日本の有識者として独立に政府に対して建言したのであろう。また小村は読売新聞記者でもあり、河野は陸軍少将で退役して朝日新聞にはいった河野恒吉かも知れない。そうだとすると、ここでいう青年が木戸四郎だということになる。

それだけに警察が木戸の口封じに力をそそいだことは疑いない。一一月六日に岡田警保局長が出淵亜細亜局長に語ったなかにつぎのことがある。「実は目下警視庁より大島町方面に警部補一名を派遣し支那人殺害者を厳重処罰す可き旨を以て陽に之が捜査をなすの気勢を示さしめ居る処、同町居住在郷軍人、青年団等の間に多大の恐慌を来し、何れも事件を否認するの態度を示し居る趣にて右の逆宣伝は相当効果あるものの如し。[50]」こうしたおどしの手口が用いられたのである。木戸の口封じにも同様な手口が使われた。警視庁刑事部捜査課の巡査部長杉本政治は木戸を訪ねて、中国人殺害の話をきいたあとで、「君の話は何処迄目撃談で何処迄でが人の噂か風説であるか」としつこく問いただし、「貴殿の謂ふことが事実とすれば何処迄でも立証して行く勇気がありますか」、裁判所で証人になりますかとおどした。当時は緊急勅令の治安維持ノ為ニスル罰則ニ関スル件、またの名は流言浮説取締令が出されて、重苦しくのしかかっていた。木戸がたびたび引合いに出されては家業に支障を来たすので取消してもらいたいと折れると、杉本は「左様の事であれば僕も已むを得ず捜査を打切らねばならぬが、而し吾々刑事係は仕事は互に競争だから若し僕が此事件を打ち切て仕舞た後亦何人かが君が話した為に其の話が吾々同僚の耳に這入た場合に僕は面目を失墜して仕舞ふ訳だ」と念を押して、この事件について口を開かぬことを約束させた。杉本はこうした木戸との対話を詳述したあとで「最初探知せし事実は所謂流言蜚語の誤伝に基きしものと思料せられ候」と報告している。[51] まさに事件を闇に葬るための捜査であった。

一一月二〇日には兪らの中国側調査員一行は水野梅暁とともに湯浅警視総監ならびに田

中陸相と会見した。両者とも説明は一一月八日の回答の域を出なかったが、湯浅総監は当時は渾沌の際で警察力が不十分で多数の行方不明者をだしたことを力説して了解をもとめ、なお佐々木大尉については身分が軍人なので警察としては取調の方法がないと付言した。田中陸相のほうはさきに戒厳司令部参謀長だった阿部信行少将を同席させて詳しく説明したうえ、佐々木自身に説明させてもよいと付言した。そこで「一行は同大臣の態度を多とし大体に於て王の運命は警察の手に掛りたりとの印象を得たるものの如し」と水野梅暁が語ったという。なお施代理公使も出淵局長に「元来王は警察に睨まれ居たる関係上一般在京支那人は王は何れかと云へば警察の手にて処置せられたるものと思考し居るものの如し」と語った[52]。

おりから一一月二三日には中国の北京政府が王正廷、劉彦、沈其昌を中国人被害事件の正式の調査委員に任命したことが報道された。王はパリ講和会議、ワシントン会議の立役者で外交総長の経歴もあった。劉は国民党の議員で有数の外交通、沈は直隷高等審判庁長等を歴任した法律家である。これらの錚錚たる人物が調査委員に任命されたことは、中国の「輿論の勢力が如何に強硬であるかを知るに足る」[53]事実であった。『読売新聞』は一一月二四、二五両日にわたって「支那人の被害事件」と題する社説をかかげた。これは中国側が報道している事件に関して、政府が審理処断はおろか事件の調査にも手を染めている模様がないばかりか、政府以外の輿論も極めて冷淡で、政府の責任を監視するとともにみずから進んで真相を調査する者の少ないのを嘆いたのちに、「凡そ国家の名誉、国民の信用は、既成の事実を事実と認め、自ら進んで其罪過を匡救する道徳的勇気で〔が〕あつてこそ、之を維持し之を回復し得るのである。其罪過が国辱であるよりも、之を改め得ぬ事が寧ろ大なる国辱である」(54)と論じた。

一一月二九日の内務大臣晩餐会で出淵亜細亜局長は小山松吉大審院検事に、「目下政府部内一部に大島町事件を或程度迄肯定し加害者の何人なるやは依然不明となし唯だ殺傷事実のある事のみを認むることとしては如何との意見」があるがどうかと、意見をたずねた。小山検事の答は「司法部に於ては当初本件不検挙方針の内命を受けたるを以て一切之に手を触るることなく今日に及べる」もので「本件は元来検挙極めて容易な」ものである。それを「今に至りて其の事実を肯定し而も加害者は不明なりと云はんか本件に関する責任は挙て司法部に帰すること」となるので「到底承認し難」いというものであった(55)。

なお阿部元戒厳司令部参謀長は、佐々木大尉にただしたとして、一一日朝王希天が警察から送致されるより以前に、「王は支那人労働者習志野輸送に当り通訳、伝単の作成等種々誠実に援助を与へたるを以て同大尉としては彼に対し極めて好感を有し居りたるにより之に好遇を与へ午餐を供した」ことを強調した。そして一一日夕刻に警察に還したが、その深夜に警察から王は凶悪者だとして引取りをもとめてきたので、警察にたいしてもし凶悪者ならば制縛して引渡すよう要求したところ、その通りにしてよこしたが、佐々木はのちに王を放還したということだと語った。[56] これは事件の責任を警察におしつけようとする発言で、守島伍郎事務官がコメントしているように[57]、警察署で二人の兵士が王を制縛したという周敏書の主張と食いちがうなど色々と矛盾が多いが、王が中国人労働者輸送の事務を援助して好感を持たれたことは、久保野日記と符合している。このことをうまく利用しようとしたのであろう。

つづいて一一月三〇日からは王正廷一行の来日にそなえて詳細な覚書を作成するための警備会議が連続して開かれた。まず王希天事件の分については、上述の佐々木大尉が王を好遇したことを付け加えた原案が岡田警保局長より出されたが、かえってボロが出ると異論があり、結局さきの回答でぬけていた九月一〇日までのことと一一日のことを簡単に付け加えただけのものとなった。

大島町事件については、湯浅警視総監が、震災後大島町で多数の屍体を発見し、これを朝鮮人または朝鮮人と誤まられた日本人の屍体として焼却したが、「混乱の裡に行はれたる事なるを以て或は支那人の屍体混在せる者なきを保し難きの感あり」としたうえで、「極力調査せるも罹災民の多数一時に全国に離散し加害者の検挙困難なり、尚ほ引続き厳重調査を行ふべし」という原案を出した。[58] 中国人殺害の事実のあり得ることを暗黙のうちに認めたうえで、軍隊、警察はもちろん、民間人にも責任はとらせまいとするものであった。この程度の返答をしなくては通らないと考えたのであろう。だがこの提案には賛成がなく、かえって中国側に乗じられるという反対が大勢を占めた。「本件の事実を口にする者」には刑事に取調べをさせた結果「目下の状況にては反つて誤殺事件をも否認する有利の方向に進展しつつあるものの如し」という判断から、「万々一有力なる証人の続出する」など内外の物議をかもした場合に初めて警視総監のいうような第二段の方策をとればよいとしたのである。[59] そしてこの案は保留となり、王一行には外務省が応酬することになった。

ところが一二月一〇日、後藤内相は、警視総監案が保留になった事情をよく聞かないうちに、田中陸相、平沼法相と協議して、王一行には警視総監案の程度まで発表することを閣議で決めてしまった。つぎの警備会議では陸軍がこれでは事態が収拾できなくなるとつよく再考をもとめたが、亜細亜局長が閣議決定の趣旨にそいながらこれを緩和した問答体の説明書をつくることでこれを納得させた。

おりから第四七議会が開会中で、衆議院では一二月二四日には田淵豊吉が朝鮮人虐殺事件について質問し、一五日には永井柳太郎が「支那人誤殺事件」にも論及し、日本政府がこれを調査せず、仮りに調査したとしても発表しないのは何故か、と問うた。だが政府からは「支那人誤殺云々の件は既に検挙せるものの外は、曩に調査したるも其事跡未だ明瞭ならず、尚引続き取調中なり[60]」という既定の答弁方針を越えるものを引きだすことはできなかった。

同日、王一行の調査員沈其昌と劉彦が外務省を訪い、出淵亜細亜局長と会談した。中国側では、大島町事件・王希天事件について上海などで得た情報について細かに質問した。しかし出淵局長は既定方針にそって調査したがそうした事実はないで押し通した。大島町での屍体焼却にも警官が立ちあったので、混乱による万一の混入はないとは限らぬが、中国人と認めて焼いたことはないとして、大島町事件を否定した。中国側では「解らなければ困たものです、一体人を殺したものはなかなか白状するものではありません[61]」と苦笑して二時間にわたる会談を終った。外務省のみるところでは、中国側は「詳細に亘りて追求的に質問する態度には出でざりき」という態度であったが、王一行は日本政府が真相をいっこうに明らかにしないのをつよく遺憾とした。

こうして日本政府は大島町事件も王希天事件もまったく知らぬ存ぜぬで押し通してしまった。ここでは中国人殺害の責任が否定されたばかりでなく、中国人殺害の事実そのものさえも否定されたのである。しかし震災当時日本に在留した中国人のうち、三、四百人がそのまま行方が知れなくなったという事実だけは、政府も認めざるを得なかった。山本内閣に代わった清浦内閣の末期の一九二四年五月末に松井外相は、すでに通告した以外には鋭意調査したが中国人に対する犯跡の認むべきものはないとしながらも、震災にもとづく本邦人の死傷者行方不明者は三〇万人に垂んとするので、「当時異常混乱の際在留支那人にも不慮の災害を蒙りたるもの蓋し尠なからざるべしと思考す、支那政府調査の結果果して数百人の被害者ありとせば洵に同情に堪へざる次第」として慰藉料二百万円を支払う方針を決め、これについて交渉するよう芳沢謙吉駐華公使に訓電した。しかし中国側では応諾しなかった模様である。

大島町事件と王希天事件の隠蔽を決めた当時の政府当局者のなかには、その後の政界で活躍した有力者が多いことに驚かされる。田中義一陸相がやがて政友会総裁、ついで首相となったことは改めていうまでもない。法相だった平沼騏一郎は日中戦争が起こったのちの一九三九年に首相となり、戒厳司令部参謀長だった阿部信行はそのつぎの首相となった。警視庁外事課長だった広瀬久忠は平沼内閣ついで小磯内閣の厚生大臣となった。そして警視総監だった湯浅倉平は、二・二六事件の直後から第二次近衛内閣が武力南進政策を採用する直前まで内大臣の要職にあった。日本が中国侵略を公然とはじめた時期に政治中枢を構成し、それぞれの役割をはたしたこれらの政治家は、意外にも一五年前に中国人虐殺事件を闇に葬った記憶を、人知れず共有していたのである。

（注）

（1）この日記のおもな関係部分は関東大震災朝鮮人犠牲者追悼行事実行委員会編『関東大震災と朝鮮人虐殺』（一九七五年）の斎藤・今井論文の冒頭に摘録してある。同書一三―二〇ページ。本稿の引用はこれによったが、仮名遣い等はもとのかたちにもどした。

（2）関東大震災からまもない一九二四年一月に発行された『種蒔き雑記』は亀戸事件のことを広く人びとに訴えた文章として知られている。この冊子は『種蒔く人』同人の金子洋文が自由法曹団で作った『亀戸労働者殺害事件調書』をもとに執筆したもので、「平沢君の靴」はその冒頭にある八島京一の聴取書二通がもとになっている。こちらのほうを引用すると、その一通には、九月四日の朝八島は三、四人の巡査が荷車に石油と薪とを積んで行くのに出会ったので、そのうちの顔なじみのひとりに聞いたところ、「外国人が亀戸管内に視察に来るので、其死骸三百二十人を焼くので昨夜は徹夜した、鮮人ばかりでなく主義者も八人殺されたと云ふて居りました、夫れで平沢君も居るのではないかと巡査にきいた方面の場所に行き見たる処、鮮人支那人等二三百人位の人間が殺して山に積でありました、其近辺に平沢君の靴と思はるる靴か置いてありました」とあり、もう一通では、その場所を「大島町八丁目の大島鋳物工場の横で蓮田を埋立てた場所」だと述べている（亀戸事件建碑実行委員会編『亀戸事件の記録』二〇〇―二ページ参照）。「平沢君の靴」はこれらの具体的な叙述をそのまま生かして、しかも判りやすくまとめている。だがこれが大島町事件のことだとは案外気付かれていない。

（3）東京府南葛飾郡編集『南葛飾郡誌』（一九二三年）は当時のこの地域の状況をつぎのように伝えている。「工場の建設は多数労働者の移住を伴ふから労働者の居住地がこゝに現出する。従つて此等労働者が需要する簡易低廉な日用品を供給する小売業もこゝに集まつて来るし、安直な飲食店、低級な娯楽機関も自然こゝに営まれる事になる。斯くて大きな工業と小さな商業と低い生活とはこゝに入り乱れて存して居るのである。此地域は従前は東京郊外の農村で殊に水田が大部分を占めて居つたのであるが、今は此等の田は漸次埋立てられて大部分工場敷地に変換せられた。而も埋立を〔に〕要する土は仲々得難かつたから付近の土を掘りとつて地盛りに使つた。この土を掘つた跡は今でも池となつて残つて居つて、大島・亀戸・寺島の各町村到る処に見る事が出来る」（四三八―九ページ）。水田の残存せるは蓮根田として放置されている。

（4）松岡文平「関東大震災と在日朝鮮人」『千里山文学論集』8号、一九七二・一〇、「もう一つの虐殺事件―関東大震災と在日中国人」大阪歴史学会近代史部会『近代史研究』一六、一九七二・一二、「関東大震災下の中国人虐殺事件について」大阪歴史学会『ヒストリア』六五号、一九七四・六。

（5）これは上記マイクロフィルムではS九六〇〇―二に分類され、九七―四九八ページにわたっている。以下S九六〇〇―二、〇〇ページと註記する。

（6）S九六〇〇―二、九八―一〇〇ページ。〔　〕内は引用者註。以下同じ。

（7）S九六〇〇―二、一一四―五ページ。

（8）この一面をどぎつく強調した資料として、『現代史資料（6）』所収の黒竜会主幹内田良平「震災善後の経綸に就て」がある。これは「二日自警団にて極力警戒中鮮人副団長及び会計と称する者等現金三万余円を懐にし（捕縛の際之を押収せり）大島七八丁目に居住せる支那人を指嗾し『一名に付金八円宛を与るべきにより我等と行動を共にせよ』と説き、支那人は之れに応じ同日午後に至り全部殆んど其姿を没したるが、翌三日同副団長は支那人と共に軍隊の為めに捕縛銃殺せられたり」と記し、これに中国人が放火して銃殺されたという事例を添えている。臨時震災救護事務局警備部は九月五日、つまり朝鮮人の放火、暴動等の流言がまったく事実無根であることが判ったのちに「朝鮮人の暴行又は暴行せむとしたる事実を極力調査し、肯定に努むること」「風説を徹底的に取調べ、之を事実として出来得る限り肯定することに努力すること」「海外宣伝は特に赤化日本人及赤化鮮人が背後に暴行を煽動したる事実ありたることを宣伝するに努むること」という方針を出しているが、内田の一文はこれに即して虐殺事件を正当化するために作成されたものと推測される。

(9) 第一次大戦後、日本内地には多くの朝鮮人が移住し、坑夫・土工・仲仕などとして、過酷な肉体労働に極度の低賃金で従事していたことはよく知られている。だがこの時期には中国から来日する行商人や労働者もふえていた。日本帝国主義が成熟期にはいったことを物語るものである。一九二〇年代には、道路・鉄道・港湾・水力発電・埋立事業など、経済基盤を拡大するための土木建設事業がさかんに行なわれていた。震災当時猿江裏町に住み東京連合青年団員だった高梨輝憲の回想録『関東大震災体験記』は、「大正十一・二年頃、中国の浙江省附近から、多数の中国人が中国産の扇子や臘石細工の置物などをもって、行商人として来日していた。また、それらの行商人にまじって苦力と称する労働者も多くやって来た。その労働者は実に深川辺で集団生活を営み、荷揭げ人夫などをして働いていた。そしてこれらの中国人はいずれも支那服を着ていたから、一見して中国人であることがわかった」と書いている。

(10) 亀戸事件については社会主義者ら一四名が亀戸署構内において習志野騎兵第一三連隊の田村春

吉少尉の命令で刺殺されたと『東京朝日新聞』（一九二三・一〇・一一）が発表しており、大島町とは目と鼻の先きなので、大島町事件もやはり騎兵第一三連隊の所業と考えられやすい。だが騎兵第一三連隊は近衛師団の騎兵第一旅団の所属で、広瀬直話に出てくる野戦重砲兵第三旅団は第一師団の所属である。

(11)『東京震災録』別輯八九七―九ページ。

(12)警視庁編『大正大震火災誌』一三四三ページ。

(13)関東大震災五十周年朝鮮人犠牲者調査追悼実行委員会編『かくされた歴史―関東大震災と埼玉の朝鮮人虐殺事件』（一九七四年）一六―二〇ページ。

(14)警視庁編前掲書一三四九ページ。

(15)近衛師団の習志野騎兵第一旅団に入営していた越中谷利一は「戒厳令と兵卒」（『戦旗』一九二八・九掲載）のなかで、戒厳令で出動し亀戸駅に午後二時着いて、罹災民のはんらんするなかで列車改めを行なって、朝鮮人を殺害したことをしるし、そのあとで「兵隊の斬ったのは多く此の夜である」と書いている（『越中谷利一著作集』一九七一、三〇―一ページ）。よく引用される騎兵第一三連隊岩田文三の勲功具状を見ると、昼間東京市内に出動し、反転して午後七時頃亀戸駅に到着したとき、「不逞鮮人来襲の流言を生じ」「不穏の形勢刻々加はる」なかで機関銃隊は「一部を以て停車場を警備し、主力は喊声に向ひ進み極力治安の維持に任ぜり」とある（『東京震災録』別輯八七九ページ、『現代史資料（6）』一二九ページ）。前者は軍隊が虐殺を主導したことを明らかにしているが、時間的には後者の方を重視したい。なお前者は残留部隊の警戒、とくに「無智低能な下士官」に指揮されたそれの「言語道断な所業」についてもふれている。

(16)『東京震災録』後輯一六五三ページ。
(17)九月二九日の項『関東大震災と朝鮮人虐殺』一八ページ。
(18)『東京震災録』前輯、「政府の活動（陸軍省の部）」二〇ページ。
(19)同右三〇三ページ。ここには九月二日となっているが、そのおかれた位置や文中に「明後五日」とあることから、九月三日の誤植と判断した。
(20)同右三〇六ページ。
(21)警視庁編『大正大震火災誌』五五〇ページ。
(22)姜徳相・琴秉洞編『現代史資料（6）・関東大震災と朝鮮人』二五七ページ。
(23)S九六〇〇—二、四三五—六ページ。文中第一高等学校とあるのは、中国人のために設けられた特設予科のことである。この点については当時寮で同室だった酒井瞭吉談話（毎日新聞一九七五・九・二〇所載）にくわしい。なお寮生名簿では四川省曲竜県竜安中学出身となっているとのことである。
(24)外務省編『日本外交文書』大正八年第二冊下巻、一一六五—六ページ。
(25)おもに『東京朝日新聞』一九二三・一一・一八。なお共済会については松岡論文にくわしい。
(26)王兆澄が王希天とともに活動していることは松岡前掲論文にも出てくる。警視庁編『大正大震火災誌』によると中国公使館では九月二二日に代理公使施履本が各省慰問使や学生代表と会議し、中華民国学生同胞救済会に罹災学生、商人を調査させて慰問金の分配を行なうこととし、二四日には施代理公使は帝大生王兆銘と芝浦の清水組バラック収容所を視察し、収容者五一〇名にドーナッツを給与したとある（五五八—九ページ）。

(27) S九六〇〇—二、四二九ページ。

(28) 警視庁編『大正大震火災誌』五三五—六ページ。

(29) S九六〇〇—二、四三一—四ページ。

(30) S九六〇〇—二、四三一—二ページ。大原社会問題研究所編『日本労働年鑑』第四巻（一九二三年版）は、一九二一年五・六月ごろから中国から商人の名義で来日して労働に従事する者が増加した為、警視庁や兵庫県警察部では、中国人労働者にたいして、数回にわたって退去命令を出したと報じている。さらに、隅田川を中心とする水揚人足三百余名は、連判状を作って警視庁に中国人労働者を退去させるよう陳情し、その理由として、財界不況で自由労働者が恐ろしく増えたのに、中国人労働者は日本人労働者より三割も安い賃金で働き、日本人労働者を駆逐する惧れがあることをあげた、とも報じている。松岡論文が詳論しているように、この強制退去命令はアメリカの日本人排斥政策にも見られないものであった。日本人民衆が中国人虐殺事件をひきおこした一因に、ここにみられる労働者間の対立感情があり、ここでいう労働者頭領、おそらく労働者を差配する組の親方のなかに中国人迫害に主要な役割をはたした者のあったことは当然考えられる。

(31) 久保野日記一〇月一八日の項には「本日の日々新聞に」とある。『東京日日新聞』はいまの『毎日新聞』であるが、ここに引用してある文章は『東京朝日』の一〇月一七日付とまったく同じである。翌一九日の記事は「今日の新聞にも前途有為な社会事業に尽瘁の王希天君が出ていた」ではじまる。そしてこれに対応する新聞の切りぬきが貼ってあるが、これは『東京朝日』一〇月一八日付である。この日付はいずれも東京市内版なので、亀戸では一日おくれだったと考えるとちょうどよく合う。

(32)東京都公文書館所蔵震災関係ファイル所収。松尾洋氏の筆写したものを利用させていただいた。

(33)(34)「支那人王希天行衛不明ノ件」大正一二年九月二一日、S九六〇〇―二、一〇五―八ページ。

(35) S九六〇〇―二、四〇一―八七ページ。

(36)黄子連のことはS九六〇〇―二、四二六―八ページにあるが、さきの松岡論文は内務省警保局の『外事警察報』第二七号（一九二四・九）は中国政府のつくった黄子連の聴取書を訳載し、黄のことを「支那人誤殺事件宣伝者」としている。これは松岡論文に引用されている（『ヒストリア』六五号四九―五一ページ）。

(37)朝日新聞社『明治大正史・言論篇』三〇三ページ。

(38)当時読売新聞にいた安成二郎は一九二四年一〇月四日の正力松太郎談話を当時メモとして残しているが、それには「その当時、陸軍が後藤内相と湯浅総監を憎んだことは非常なものだ。陸相を出しぬいて直接総理へ（大杉事件の―引用者註）話を持つて行つたのが怪しからんといふので、後藤と湯浅を殺さうとする勢ひが動いて、実際危険であつた。それには後藤さんがヨッフエを呼んで来たことも絡まつてゐる。あいつ赤だといふことになつたんだ」とある。なおこのメモには「（王希天はどうしたんでせう、軍隊では無いでせうが……）と千葉氏（亀雄、前編集局長―引用者注）が言ふと、正力氏は（王希天か、ハヽヽ）と笑つて何も言はなかつた」とある。安成二郎『無政府地獄・大杉栄襍記』一九七三年、一七六ページ。

(39)これは謄写刷りで、欄外に極秘の印があり、その下に「戒厳司令部覚書　大正十二年十月十三日警備会議ニ於テ手交、陸、内、司出席　出淵」の筆書があり、大臣次官以下に供覧した花押がある。極秘の印や花押などは以下引用の多くの文書に見られるが、一々は注記しない。S九六〇〇―二、一〇九―一一二ページ。
(40)「支那人王希天ニ関スル件」S九六〇〇―二、一一六ページ。
(41)「王希天問題及大島町事件善後策決定ノ顚末」(墨書、文末に十一月八日出淵局長口述とある)S九六〇〇―二、一一七―八ページ。
(42)松岡文平「関東大震災下の中国人虐殺事件について」『ヒストリア』六五号。六〇ページ。
(43)読売新聞社発行『読売新聞八十年史』二三九―四一ページ、なお正力松太郎が同社を譲りうけたのは一九二四年二月であった。
(44)小村俊三郎(一八七〇―一九三三)は、宮崎県出身で東京高師に学んだのち、再従兄小村寿太郎のすすめで北京に留学し、日露戦争前から公使館嘱託、通訳官等として長く北京公使館に在勤した。一九一六年辞職して言論界に入り、朝日、読売、東京日日等で中国問題を論評した。黒竜会編『東亜先覚志士記伝』は、小村の「主張は南方派に多くの同情を寄せ、新支那の建設を促進するにあっ」たと記している(下巻、五六〇―六一ページ)。なお後出の小村欣一は寿太郎の長男。
(45)「王希天問題及大島町事件善後策決定ノ顚末」S九六〇〇―二、一三一―四ページ。
(46)『東京朝日新聞』一九二三・一一・九。
(47)(48)古森亀戸警察署長「支那人被害調査員行動ニ関スル件」大正一二年一一月二二日、S九六〇〇―二、一一四―五ページ。
(49)S九六〇〇―二、三八九―四〇〇ページ。
(50)「王希天問題及大島町事件善後策決定ノ顚末」一一月八日出淵局長口述、S九六〇〇―二、一二四

―五ページ。
(51)巡査部長杉本政治「支鮮人殺傷事件捜査復命」大正一二年一一月二一日、S九六〇〇―二、一四八―五一ページ。
(52)「愈震災時支那人殺傷事件支那側調査員一行陸軍大臣及警視総監ト会見ノ件（水野梅暁、亜細亜局長ニ立話）」（大正一二年一一月二九日亜細亜局長口述、守島記）S九六〇〇―二、一八四―六ページ。ここにはじめて守島記と出てくるが、これまでの一連の墨書の記録は筆蹟がこれと同じである。守島とはのち駐ソ大使となった守島伍郎で、当時は外務省亜細亜局の事務官であった。
(53)『読売新聞』一九二三・一一・二四。
(54)「支那人の被害事件（再論）」『読売新聞』一九二三・一一・二五。
(55)「大島町事件及王希天問題ニ付キ司法及陸軍当局ノ内話ニ関スル件」（一一月三〇日亜細亜局長口述、守島記）S九六〇〇― 二、一八七―九ページ。
(56)同右、S九六〇〇―二、一九〇―四ページ。
(57)同右に「参考」として付したもの。S九六〇〇―二、一九五―七ページ。
(58)「一二月七日警備会議ニ於テ大島町事件討議」（一二月八日出淵局長口述、守島記）S九六〇〇―二、三三五―九ページ。「一二月七日特別司法会議席上警視総監提案」同三五五―六ページ。
(59)別紙S九六〇〇―二、三五八―六五ページ。
(60)S九六〇〇―二、三七五―六ページ。
(61)「支那人被害事件調査員沈其昌、劉彦ト亜細亜局長会談録」S九六〇〇―二、一九八―二二四ページ。

II　関東大震災下の中国人虐殺事件が明らかにされるまで

民間人による真相究明の動きと当局の対応

最初に、関東大震災の下で起こった朝鮮人虐殺事件、中国人虐殺事件とこれに関連した社会運動家虐殺事件の概要とそれらの事件が当局によって発表されるまでの経過を概観しよう。

一九二三（大正一二）年九月一日正午一分余り前に、小田原付近に始まり、神奈川県から房総半島南部にかけての広い地域を震源域とする関東大地震がおこった。そして激しい余震が続くなかで東京と横浜では大火災が燃え広がり、東京では三日朝まで燃え続いた。死者・行方不明者が一〇万人を越え、罹災者は三〇〇万人にのぼった。

二日には、朝鮮人が放火や井戸への投毒、盗みや強姦を行い、さらに暴動を起こしたという流言が広がる中で、加藤友三郎首相の病死で辞表提出中の内田康哉臨時首相以下の閣僚が戒厳令を布告し、軍隊が出動して治安維持にあたることとなった。その直後に第二次山本権兵衛内閣が成立したが、出動した軍隊や警察と自警団などの民衆の手で朝鮮人を虐殺する事件が広がり、血なまぐさい凶行が数日間にわたって荒れ狂った。

三日の朝には臨時震災救護事務局警備部で、朝鮮人で容疑のないものは保護して適当な場所に収容するが、容疑の点のある朝鮮人は警察または憲兵に引き渡して適当に処分すること、要視察人、危険なる朝鮮人等については充分に視察警戒を行うことなどを決定した。その昼には亀戸のすぐ南にあたる大島町で数百人の中国人労働者が虐殺される事件がおこった。当時の外務省記録は「大島町事件」と呼んでいる。（同じころ横浜でも中国人虐殺事件が起こっており、一〇〇人近い犠牲者が出たとされているが、これは新聞で報じられたものの噂だけだったようだ。）その晩には純労働者組合の平沢計七と南葛労働会の川合義虎らが亀戸署に検束され、五日未明に出動中の軍隊に殺害された。「亀戸事件」である。

さらに中国人労働者を気遣って九日に大島町に出掛けた中華民国僑日共済会会長の王希天が軍隊に逮捕され、警察と軍隊をたらい回しにされたのちに一二日に殺害された。「王希天事件」である。そして一六日には大杉栄・伊藤野枝夫妻と米国籍をもつ大杉の幼い甥とが、東京憲兵隊で甘粕正彦大尉らに殺害された。当時は「甘粕事件」と呼ばれた。「大震火災」による混乱が一応収まったのちも、こうした虐殺事件が続いたのである。

当局は戒厳令に続いて九月七日には緊急勅令で「治安維持の為にする罰則に関する件」を出して言論を取り締まり、これらの事件に関する報道を一切禁止した。これは治安維持令とも流言浮説取締令とも呼ばれる。「更に大震災地において日支国交上の問題を惹起するなどのことが発生したので、当局は一層新聞記事の取締りを厳にし、死体の写真の掲載を一切禁止し、他の原稿については内検閲」を求める通牒を九月一六日に各警察署、各新聞社に発するなど、厳しい言論取締がおこなわれた(美土路昌一編著『明治大正史・1・言論編』)。

こうした言論弾圧をかいくぐってまず明らかにされたのは、国際的にも有名なアナーキストである大杉栄らの殺害事件であった。これは大杉の友人安成二郎をはじめ新聞記者たちが懸命に探索して報道に持ち込んだ。山本首相からの圧力もあって、九月二〇日には戒厳司令官の更迭、憲兵司令官の停職などの処分が行われ、二四日に甘粕大尉が軍法会議にかけられ、その際に初めて事件の内容が発表された。軍法会議は大杉の殺害が軍上層部の指令によるものかどうか、など本質的な点をさけて審理し、甘粕は懲役一〇年を宣告されたものの、三年で仮出獄した。その後のことはよく知られているとおりである。亀戸事件は一〇月一〇日に警察が発表したものの、亀戸署に留置されていた平沢、川合らが騒いで制しきれないので軍隊に刺殺させたもので、戒厳令下の適法の行為だとして押しとおした。しかも遺体は警察で勝手に焼却して遺骨だけが遺族らに手渡され、遺体から殺害の状況を推察することもできないようにされており、さらに疑惑を深めた。

一〇月二〇日には自警団などの朝鮮人虐殺事件が発表されたが、それは朝鮮人も暴行を働いたというあやしげな報道と抱き合わせで行われた。それに先立って朝鮮人を殺傷した自警団などの検挙が行われたが、それはとくに顕著なものだけに限定し、ただ警察権に反抗したものは厳しく検挙する方針がとられた（「関東戒厳司令官管掌司法事務日誌」『東京震災録前輯』六九頁、美徳相、琴秉洞編『現代史資料6・関東大震災と朝鮮人』三六七頁）。そして軍隊、警察など政府の責任になることは一切不問とされ、発表からも隠された。しかしそれに対しては検挙された自警団や国家主義者の間から非難の声があがり、そのためこれらの処罰は実際には形だけに終わった。

一〇月一七日には中国人の王希天が行方不明になったことが新聞で報道された。これに先立って一〇月一三日の上海の各新聞は前日到着した中国人罹災者の報告に基づいて東京府下大島町での中国人労働者一七三人惨殺の記事をのせた。その前日に、中国人虐殺事件を調査していた僑日共済会総幹事の王兆澄が山城丸で温州の労働者らに交じってひそかに帰国し、それらの口から大島町事件と王希天の行方不明とが伝えられたのである。彼が一〇月二五日までにまとめた被害調査によると被害者総数三二四名、内死者二七五名、重傷四七名、軽傷二名であった。中国では日本の震災に同情する声が高まっていたが、この報で世論は一気に憤激に転じ、中国代理公使からは抗議があり、中国の宗教家の調査団と、政府が調査委員に任命した元外交総長の王正廷ら一行が来日した。しかし日本政府は、ごく少数の中国人が「誤殺」されたことを認めただけで、王希天は釈放された後に行方不明になったと回答した。その後、多数の中国人が行方不明になった事実は認めざるを得なくなったが、中国人が集団的に殺害されたことは否定し通した。

これにたいして事件解明の要を力説し一〇月七日の社説を削除された読売新聞は、一一月二四〜二五日に二日続きの社説「支那人の被害事件」を載せ、「凡そ国家の名誉国民の信用は、既成の事実を事実と認め、自ら進んで其の罪過を匡救する道徳的勇気であってこそ、之を維持し之を回復し得るのである。其罪過が国辱であるよりも、之を改め得ぬ事が寧ろ大なる国辱である」と批判した。

一二月一一日に開会された第四七臨時議会では、質問に立った無所属の代議士田淵豊吉が我々に過ちがあったなら赤裸々に告白して朝鮮人、次に中国人に謝すべきではないかと問いかけた。ついで憲政会の永井柳太郎が朝鮮人虐殺事件とともに王正廷一行の来日にも関連して「支那人誤殺事件」について質問して、有りのままの事実を報道し、非とするところはこれを非として陳謝する勇気をもつべきだとして答弁を要求した。だが、各大臣からは、当時は非常の時期で、厳重な調査を進めたが未だ明らかでない、という答弁しか引き出せなかった。

久保野日記公開と米国作成の「日本外務省文書マイクロフィルム」

このように日本の当局が事件を隠蔽したのに対して、事件の真相を究明しようとする調査が、民間有志のあいだで朝鮮人、中国人もふくめて進められた。だがその活動は、警察や軍によって脅かされ、事件の発表は許されなかった。その代表的なものは朝鮮同胞慰問団の一員から聞いた朝鮮人被害者数を記した吉野作造「朝鮮人虐殺事件」で、改造社発行の『大正大震火災誌』のために書いたものであるが、内務省の検閲で掲載を許されず、東京大学吉野文庫に保管されたままであった。これは戦後になって姜徳相ら編『関東大震災と朝鮮人』に収録され、広く利用できるようになった。朝鮮人虐殺事件のことは当時の人びとには漠然とながら広く知られたものの、これらの事件の真相を究明する仕事は圧迫され、それを究明した文章は稀だったのである。

そうしたなかで、震災の翌年早くに発表された『種蒔き雑記─亀戸の殉難者を哀悼するために――』（一九二四年一月二〇日）は、亀戸事件を中心にしたものであるが、朝鮮人と中国人の虐殺にもふれている。これは雑誌『種蒔く人』の同人が出したもので、事実上はその終刊号となった。これは前年一〇月に自由法曹団が関係者から聴取した「亀戸労働者刺殺事件調書」を、編輯発行兼印刷人である劇作家の金子洋文が抜粋して読みやすいように書き直したものであるが、その冒頭にある「平沢君の靴」は、調書の最初にある八島京一の二通の聴取書をまとめたものである。これには大島町事件の現場がでてくる。この調書はいくつかの本に収録されているが、『法政大学大原社会問題研究所資料室報』№一三八（一九六八年）所収の「自由法曹団作成亀戸労働者殺害事件調書二一通」が明細である。そこには同所の庶務日誌から「（大正一三年）一月一二日東京亀井《（ママ）》戸事件に関する資料代百円加藤勘十氏宛電信為替にて送る（山名名義にて）」と入手経路も示されている。

　調書のほうで見ると、九月四日の朝、八島は三、四人の巡査が荷車に石油と薪を積んで行くのに出会ったので、その内の顔なじみに聞いたところ、「外国人が亀戸管内に視察に来るので、其死骸三百二十人を焼くので昨夜は徹夜した。鮮人ばかりでなく主義者も八人殺されたと云うて居りました。それで平沢君も居るのではないかと巡査にきいた方面の場所に行き見たる処、鮮人支那人等二三百人位の人間が殺して山に積んでありました。其近辺に平沢君の靴と思はるる靴が置いてありました」とあり、もう一通では、その場所を「大島町八丁目の大島鋳物工場の横で蓮田を埋立てた場所だ」と述べている。焼いた死体と山に積んだ死骸との関係が判りにくく、九月四日朝に死体を焼き終えたというのは、他の資料と突きあわせると疑問がある。巡査は徹夜で焼く準備をして死骸を積み上げたとも解釈できないことはない。それはともかく、この記述が、大島町事件の現場だということは、その後長く取り上げられないままであった。『種蒔き雑記』は「この雑記の転載をゆるす」という前書きでも知られているが、戦後一九六一年に出た『種蒔く人』の復刻版にはいり、利用しやすくなった。調書は加藤文三『亀戸事件』(一九九一年)の巻末にも収録されている。

自由法曹団の中心人物の一人である山崎今朝弥は一九二四年に『地震・憲兵・火事・巡査』を出版した。これは中国人虐殺事件を直接取り上げてはいないが、当局が大規模に宣伝した流言蜚語によって「朝鮮人の大虐殺となり、支那人の中虐殺となり、半米人の小虐殺となり、労働運動者、無政府主義者及び日本人の虐殺となった」と記している。半米人とは、米国籍ももつ大杉の甥のことである。この著作も多田道太郎編『自由主義――現代日本思想大系18』(一九六五年筑摩書房)に収録されて入手しやすくなり、一九八二年には岩波文庫に収められた。

司法省の『震災後に於ける刑事事犯及之に関連する事項調査書(秘)』(『関東大震災と朝鮮人』)所収の第六章「支那人を殺傷したる事犯」には「大島町八丁目付近に於て支那人百

数十名の被害を伝ふるものあり、厳に之が調査を為したるも其の事跡明ならず」とある。すでに中国でも広く報道されていて無視できなかったために、とくにことわったのであろう。いわば事件のアリバイ作りの記述である。この調査書の発行日付は不明であるが、内容から見ると横浜地方裁判所で山口正憲への判決があった一九二四年七月以前にまとめられたと判断できる。大震災下の虐殺事件で当時問題になったものについては、政府部内かぎりの［秘］文書の中でこの種のアリバイ作りを行っている例がかなり多い。なおこの調査書では「今次の変災に際して欧米人に対する加害は一の認むべきものなしと雖、唯支那人に対する殺傷事犯を見るに至りたるは頗る遺憾とする所なり。調査の結果に依れば何れも支那人に対する反感に出でたるものに非ず。全く鮮人と誤認したるに因る」としており、その被害者数も死亡三、重傷五をあげているにすぎない。

当時の政府機関や府県、市当局などでは震災後二、三年の間に震災誌などを発行したが、そのなかにも真相にふれる記録を収録したものもあり、また弁解のための記述であるが真相をうかがわせるものもある。この事件との関連ではとりわけ東京市役所編『東京震災録』が注目される。これは一九二六年に前輯・中輯・後輯、翌年に別輯と、B5版二段組、四冊計四四〇〇余ページに別冊・地図及写真帖が加わった大冊の編著で、東京市ばかりでなく、政府各省、東京府や民間の活動も収められており、戒厳令で活動した陸軍省及び陸軍の部は、前輯の「政府の活動」の四二五ページを占め、別輯にも関係記事がある。

さきにふれたように、朝鮮人虐殺事件に関する研究が本格化したのは、戦後かなりたった事件から四〇年後の一九六三年からであった。この年五月二九日には労働運動史研究会の主催で震災四〇周年の研究集会が開かれ、七月にはその記録を含む『労働運動史研究』の特集号が出された。同じ月の『歴史学研究』には姜徳相「関東大震災に於ける朝鮮人虐殺の実態」が載り、『歴史評論』九月号は「日本と朝鮮――大震災朝鮮人受難四〇周年によせて」を特集し、羽仁五郎らが執筆した。『思想』同月号には極めて綿密周到に事件の全貌を追究した松尾尊兊「関東大震災下の朝鮮人虐殺事件・上」が載った（下は翌年二月号。のちに補訂して『民主主義と帝国主義』（一九九八年）に収録）。そして一〇月には各方面の厖大な資料を集成した画期的な資料集である姜徳相・琴秉洞編『現代史資料六・関東大震災と朝鮮人』がみすず書房から刊行された。もっともこれに先立って三五周年に斎藤秀夫「関東大震災と朝鮮人さわぎ」が『歴史評論』一九五八年一一月号に掲載されている。

これらのなかには中国人虐殺事件にふれたものもある。松尾論文は、戒厳司令部参謀だった森五六が江東地区で中国人の土木労働者二百人が日本人の土木労働者に虐殺されたと語った談話をのせている。『関東大震災と朝鮮人』が収録した田辺貞之助『女木川界隈』（一九六二年）の抜粋は大島町六丁目で見た中国人死体の残虐な殺害ぶりを記録している。

少し後になるが、震災当時横浜の根岸に住んでいたねず・まさしは『日本現代史4』(一九六八年)で「中国人は横浜だけで百五十人殺された」と書いている。『東京日日新聞』の記事によっているようであるが、根拠ははっきりせず、噂だけだったようでもある。また、どれもまだ事件を特定して追究してはいない。

上述した五月の集会では、姜徳相、南巌、戸沢仁三郎、秋山清とともに私も報告した。私が頼まれたのは、前年に『日本の百年　5・震災にゆらぐ』を出したためであろうが、そこで与えられた題名は「大震災下の三事件の位置付け」であった。三事件とは、朝鮮人虐殺事件、亀戸事件、大杉事件のことであるが、雑誌にのせた報告では「諸事件」とした。この集会には亀戸事件の関係者が多く、亀戸事件についての論及が多かった。さきの呼び方については、朝鮮人虐殺事件と亀戸・大杉両事件とは規模も意義も全く違うから、これらを三大テロ事件などと並列すべきではないとの姜徳相の批判があり(『関東大震災』)、まさにその通りである。だが、同時にまたこれらの諸事件のあいだの関連をどう見るかということは、これら諸事件の意義を考察するうえで重要である。

大震災の翌々年に警視庁が編纂発行した『大正大震火災誌』は、第五章を治安維持と題して、主に「朝鮮人の保護」や自警団の朝鮮人殺害事件、つまり朝鮮人虐殺事件に関連した警察の対応について述べ、その第五節「要視察人に対する措置」で、亀戸事件、支那人王希天行方不明事件、甘粕事件を並べてとりあげている。これは警察の観点からの区分であるが、後の三事件はいずれも直接に国家権力によって殺害・処分された事件で、こうした分け方のほうが適切であろう。ここでは、王希天の事件のことを、いわばアリバイ作りとしてであるにもせよ、とにかくあげている。さきの四〇周年研究集会は、せっかく江東で開かれたのに、王希天事件にも、大島町中国人虐殺事件にも全くふれていない。そこには研究の浅さがあった。

中国人虐殺事件については、これより先にふれた史料もあり、調べる糸口もなかったわけではない。一九六〇年の『自由思想』には安成二郎の正力松太郎談話メモがのっている。『読売新聞』は中国人虐殺事件の真相究明に最も活動した新聞であるが、経営不振のために買収され、皮肉にも震災当時の警視庁官房主事で虐殺事件に責任のある正力松太郎が、虎ノ門摂政狙撃事件で懲戒免職となり、財界の出資を得て翌一九二四年二月に社長となった。このメモはその一〇月に開かれた前編集局長千葉亀雄を招待した会での正力の発言で、大杉のことが中心であるが、最後に千葉が「王奇天《(ママ)》はどうしたんでしょう、軍隊では無いでしょうが」というと、正力は「王奇天《(ママ)》か、ハハハ」と笑って何も言わなかった、とある。当時はかなり問題になっていたことが分かる。だがここには「王奇天」についてのコメントはない。

王希天は、東京中華留日基督教青年会つまり中華ＹＭＣＡの幹事で、キリスト教関係者とくに救世軍の山室軍平らと親交が深く、中華民国僑日共済会の結成についても山室の支援をうけており、それだけに王のことは当時は広く知られていた。日本の廃娼運動と山室軍平のことをとりあげた吉屋信子の『ときの声』（一九六五年）は、このとき王希天が縛られたまま行方不明になったと知らせをうけ、山室が調べたところ「労働運動の裏切り者渡辺某の手によって習志野騎兵隊の某中尉に引き渡された」ことがわかったと記している。そこには不正確な点もあるが、当時事件の調査に来日した王正廷を迎えて山室ならびに王を紹介した沖野岩三郎、伯爵陸奥広吉らが加わって開かれた追悼演説会についても並べられている。

一九六九年には王希天事件当時の警視総監の伝記『湯浅倉平』が東京大学教授林茂の執筆で刊行された。その中には一九四二年に開かれた湯浅の追悼会で、事件当時の内務省警保局長だった岡田忠彦が述べた挨拶が引用されている。それによると、岡田が、朝鮮人は殺しても国の中のことであるからいいようなものの、中国人を殺したらしいので困ったと思っているうちに、中国から汪《（ママ）》なんとかがやって来て現場を見るというのだ、仕方がないから、その辺の住民に警察から脅して口封じをしておいたが、その土地を掘ってみると「何と毛の生えている皮が出て来たんだ」、朝鮮人がそんな毛皮のついたものを着ているはずがないと迫ってきた、中国側に浪人か志士といった人物も加わって湯浅君を責める、さすがの湯浅君も困ってしまって、ややもすると本当のことを言いそうな顔をしていたが、日本人が外国人にさような残虐行為を加えたということになれば大きな差支えも起こりうるというので、正直な湯浅君も口をつぐんで、とうとう言いませんでした。こう述べている。岡田は湯浅より六年ほど後輩の内務官僚で、一九四二年には衆議院議長だった。戦時中のことで朝鮮人への軽視ぶりを露骨に出しているが、中国人殺害事件については案外率直にふれていて、思いがけない事実も明らかにされている。

中国人虐殺事件を主題として取り上げた最初の論文は、一九七二年の松岡文平の「関東大震災と在日中国人」と「もう一つの虐殺事件――関東大震災と在日中国人」である。松岡は在日中国人の虐殺事件は、よく言われるように朝鮮人と間違えられて殺された「誤殺」ではないとし、当時の新聞記事と公刊の記録を丹念に利用してこれを追及した。そして一〇月二一日付けの『東京朝日新聞』が中国公使館の調査として在留中国人の被害が殺害百六七十名、負傷百四五十名に達しており、最も猛烈だったのは府下大島、ついで横浜郊外戸塚付近と月島および富川町辺であると報道した記事などから、大島町の集団殺害と王希天事件とを見つけだした。これは大阪歴史学会で報告され、神戸大学教授の山口一郎らの指導も受け中国側の史料も利用して「関東大震災下の中国人虐殺事件について」(一九七四年）にまとめた。『外事警察報』に訳出された史料が中心であるが、外国人労働者問題としても考察している。

それと前後して『歴史評論』一九七三年一〇月号は関東大震災五〇周年の特集を行ったが、そのなかの小川博司「関東大震災と中国人労働者虐殺事件」はもっぱら中国側の資料を利用してこの事件を分析した。そして中国では、事件の背景として、この年の二十一ヵ条条約反対運動で中国側が経済絶交運動を展開してあくまで抵抗したことに対するうらみと、中国人労働者移入制限に対する抵抗を圧殺するための暴力的なみせしめという二点をあげていると指摘する。

同じ一九七三年一〇月には地方史研究協議会大会が大阪歴史学会との共催で大阪で開かれ、そこで高梨輝憲が中国人虐殺事件を目撃した体験談を述べたと松岡は最後の論文に付記している。震災当時青年団員だった高梨は翌七四年にこれを『関東大震災体験記』として発表し、九月三日に大島町の南の進開橋のたもとで中国人殺害の現場を見たことと、九月四日に大島町八丁目の空き地に多数の朝鮮人と中国人の死体が運び込まれていたのに驚いたことを記している。彼は、大正一一、一二年頃多数の中国人が浙江省方面から行商人として来日し、これに交じって苦力と呼ばれた労働者も来て、深川辺で集団生活をして荷揚げ人夫などとして働いていた、いずれも「支那服」を着ていたので一目で中国人だとわかったが、進開橋付近で殺された男もこれと同じ服装をしていた、とも述べる。

ここで大島町付近の地理を述べると、当時東京市は本所、深川両区までで、大島町はその北の亀戸町とともに南葛飾郡に属し、ともに亀戸警察署の管内であった。総武線が両国駅から亀戸駅へと走っている南側には、墨田川と中川を結ぶ竪川、さらにその南を小名木川が東西に走っていた。亀戸駅の北から竪川までは亀戸町で、竪川と小名木川のあいだに挟まれた東西に長い地域が大島町で、深川寄りが一、二丁目、中川寄りが八、九丁目であった。小名木川の南は砂町で、中川の向こうは小松川町であった。亀戸駅の西側の街道を南下して竪川にかかるのが五の橋、小名木川にかかるのが進開橋で、竪川が中川に流入するところで中川にかかる橋が、あとで出てくる逆井橋である。

市民の手による事件の掘り起こし

中国人虐殺事件の真相究明が急速に進んだのは、事件から五二年後の一九七五年のことであった。震災記念日を前にした八月二八日には、『毎日新聞』の夕刊が「王希天事件真相に手掛かり／一兵士の日記公開」の見出しで、当時亀戸に出動した野戦重砲兵第一連隊の兵士久保野茂次の日記が公開されたと報道した。当時聞いたところでは、二年前に震災五〇周年の亀戸事件の追悼会が開かれた際に、鎌ヶ谷市に住む久保野がこの日記を平和のために役立ててほしいと持ってきたもので、名を秘することを望んでいたが、同じ鎌ヶ谷市の石井良一が説得して公開の運びになったという。その後石井が語ったところでは、本来は翌日の『朝日』『読売』『毎日』の朝刊にのるはずだったが、『毎日』が抜け駆けをして夕刊に載せたために、他の二紙は掲載をとりやめたとのことである。この日記の関係部分は、その直後に出た関東大震災五〇周年朝鮮人犠牲者追悼行事実行委員会編『関東大震災と朝鮮人虐殺』（一九七五年九月）で発表された。

久保野は野戦重砲兵第一連隊の第六中隊の一等卒で、市川町国府台の兵営で大地震にあい、九月二日未明から救援活動のため小松川、大島町方面に出動した。そしていったんひきあげたのち、三日午前一時頃、こんどは「不逞鮮人」鎮圧の目的で出動し、在郷軍人らの朝鮮人虐殺の様子を見たり、多数の朝鮮人を収容したりした。大島町事件のことには直接ふれてはいないが、のちの九月二九日の記事に、岩波少尉らが震災地警備に出動した際に「小松川にて無抵抗の温順に服してくる鮮人労働者二百名も兵を指揮し惨ぎゃくした」、その殺し方も残虐であまり非常識すぎはしまいかと評判だという記事がある。久保野は九月五日からは朝鮮人、中国人を習志野演習場に護送するため亀戸駅前の「支鮮人受領所」に勤務し、そこで王希天の活動に接していた。一〇月一八日に東京朝日新聞が、王が行方不明になったとの記事を載せると、久保野はその切抜きを日記の欄外に張り付け（ただしそこには「〔東京〕日々新聞」とある）、「王希天君は其の当時我中隊の将校等を訪い支人護送につき労働者のために尽力中であった…支那人として王希天君を知らぬものはなかった」と悼み、翌日の日記に歩哨にさせられていた兵から聞いたとして、第六中隊の中隊長らが王を誘い、逆井橋の鉄橋のところにさしかかると、待機していた別の将校が斬り殺してしまったと日記に書き留めている。この日記は王殺害の真相を明らかにすると同時に、さまざまなことを引き出す手掛かりとなった。

この久保野日記の公表と前後して、私は米軍の日本占領中に米国議会図書館と国務省が作った『日本外務省文書マイクロフィルム』の中の「本邦変災並救護関係雑件　関東地方震災関係」の巻を入手した。米国が占領中に作ったマイクロフィルムはこれと『旧陸海軍関係文書マイクロフィルム』である。『関東大震災と朝鮮人』には後者から多くの史料が採録されている。私は中国人虐殺問題は外交問題になるから外務省文書の中に史料があるはずだと思い、目録で見て注文したのであるが、果たしてこれは「大島町事件其他支那人殺傷事件」という綴りで、大島町事件と王希天事件に関する重要史料であった。今日では外務省外交史料館に行って確かめればいいと思われようし、事実同館では多くの関連の綴りを閲覧させてもらったが、当時は、戦後の史料公開の歴史を考えて、できるなら官庁以外のところで、まず史料を見付けたいと考えたのである。

この綴りの最初の文書が「支那人に関する報道・九月六日警視庁広瀬外事課長直話」で、その最初の項目が「大島町支鮮人殺害事件」となっている。内容は後述するが、軍隊も加わって集団虐殺を行ったことを日本の当局者がはっきりと認めた極めて稀な公文書である。ここにある文書の多くには極秘の印が押され、いくつもの花押が書かれている。

これにこの事件と王希天事件のことが中国で発表され中国政府から抗議を受けたのに対処するための文書が続く。なかでも圧巻なのは守島伍郎事務官が筆記した「王希天問題及大島町事件善後策決定の顚末」など一連の記録で、この綴り自体が、守島が執務用に関係書類を綴じ込んで作ったもののようである。これには警視庁の関係調査や幾種類かの佐々木大尉の答弁の草稿も含まれる。ついで中国から派遣された調査団との会議録とその関係文書が入っている。これには水野梅暁が伴ってきたキリスト教牧師兪顕庭、仏教僧徒包承志・顯蔭と湯浅警視総監および田中陸軍大臣との会見記と、王正廷とともに北京政府の調査委員として来日した沈其昌、劉彦と出淵亜細亜局長との会議録がある。さらに虐殺事件に関する中国青年会と留学生の調査、小村俊三郎ら民間有志の「支那人被害の実地踏査記事」と外務大臣への上申書、「支那人殺傷事件に関する支那側の調査及び世論」などが入っている。さきの「顚末」には「（追て焼捨てること）」という断り書きがあるが、この綴りが日本政府による敗戦後の焼却を免れ、しかも米国側でこれを選んでマイクロフィルムに撮影していたことは偶然の幸せであった。

さきにあげた『関東大震災と朝鮮人虐殺』では、第一部大震災と朝鮮人虐殺の真因の究明を齊藤秀夫と私とが共同執筆し、大島町事件と王希天事件の部分は私が久保野日記とこれらの外務省文書を用いてまとめた。私は、ついで「大島町事件・王希天事件と日本政府の対応」(藤原彰、松尾尊兊編『論集現代史』一九七六年所収)を書いて、政府の隠蔽工作と民間有志の真相究明のための努力について詳細に述べておいた。

これをまとめた直後に私は久保野家をたずねたが、久保野はこの日記をぜひとも王希天の遺族に見せてその死を悲しんだ者のいることを伝えたいとの強い願いを漏らしていた。私は一九九一年に瀋陽で開かれた九・一八事変六〇周年記念シンポジウムに出席したが、出発直前に幸運にも仁木ふみ子から長春にある長男の王振圻の住所を教えられた。そして吉林省社会科学院歴史研究所員のお世話でその家を訪ね、久保野の願いを思いがけず果すことができた。だが残念なことに久保野はすでに亡くなっていた。

関東大震災六〇周年の一年前の一九八二年八月末には、田原洋『関東大震災と王希天事件——もう一つの虐殺秘史』が刊行された。この本は、関東大震災当時に久保野が所属していた野戦重砲兵第一連隊の第三中隊長だった遠藤三郎の「爆弾証言」から書き起こされている。戦争中の動員学徒や女子挺身隊員などが額に「神風」と書いた日の丸の鉢巻きを締めている写真がよくあるが、これは太平洋戦争中に陸軍中将で航空兵器総局長官だった遠藤の書で、長官の機密費で百数十万本作って配布したものだという。遠藤は戦後日中友好運動に参加し、自伝『日中十五年戦争と私―国賊・赤の将軍と人はいう』（一九七四年）を出版しているが、震災当時のことにはふれていない。角田房子『甘粕大尉』（一九七五年七月）は遠藤三郎から野戦重砲兵第一連隊の中隊長が「王奇天」を殺したと聞いたとしているが、久保野日記が発表される一カ月前に出版されており、王希天のこともよく分からず、的確とはいえない。角田はのちの中公文庫版でこのことにふれ、ちくま文庫の増補改訂版（二〇〇五年）ではあとがきでさらに詳しく補っている。

『東京タイムズ』の記者だった田原は、遠藤と王希天を斬った将校にインタヴューして証言をとったほか、王の第一高等学校特設予科や第八高等学校時代の友人たちから広く回想を求め、その多くが無関心だったり中には反感さえも示したりするなかで、元最高裁長官の横田正俊が王のことを懐かしんだ一九七一年の文章を発掘している。山室軍平との親交にもふれ、一二月二〇日に救世軍本部で行われた追悼式で山室が述べた切々たる弔辞の草稿のメモを、その子の山室民子が亡くなる直前に見つけてくれたとして載せている。この式には志立鉄次郎元日本興業銀行総裁や後出の小村俊三郎、河野恒吉も出席していたという。

この本は、王希天事件については、野戦重砲兵第三旅団で王の殺害を決定する経緯と、一〇月に事件が問題化してから後の隠蔽工作を詳しく述べていて注目されるが、この部分はノンフィクション・ノベルの形式で書いたと自ら述べていて、史料的な裏付けが判らないところに問題がある。また田原は東京都公文書館で、ガリ版刷りで全体で二三〇〇ページにのぼる『関東戒厳司令部詳報』を発見して、紹介した。これは「機秘密に渉るものは別冊」としているのに加えて、本文からも第一一章がタイトルごと切り取られており、そのタイトルは別の書類でみると「外国人及び社会主義者に関する事項」であった。そして第四章「行政及び司法事務」にある兵器使用の実例の中から、久保野日記にある岩波少尉の部隊が大島町事件に関与していることを捜し出している。これらの点については後でもふれる。

一九八五年には遠藤三郎の日記をもとに要所を抜粋してまとめた宮武剛『将軍の遺言』が『毎日新聞』に連載され、翌年に刊行された。関東大震災が起こった時、帰省中だった第三中隊長の遠藤は急ぎ帰隊し、九月五日に旅団の増加参謀に招致され、そこで王希天事件にぶつかる。日記にも事件の内容は書かれていないが、人の動きだけは判る。日記には一九六七・一〇・三付けの遠藤の後記があり、事件のことが簡単に記されている。本書ではそこで踊った軍人たちのその後のつながりも描き出されていて興味深い。

一九八〇年代を迎える頃から、東京とその周辺の地域で、朝鮮人虐殺事件の掘り起こしが、教員や自治体職員や主婦などの市民の手によって進められるようになった。千葉県における関東大震災と朝鮮人犠牲者追悼・調査実行委員会は、地域での聞きとりを進めて、同年とその翌年とに『関東大震災と朝鮮人』に関する二冊の資料集を出した。それらは「船橋市とその周辺で」と「習志野騎兵連隊とその周辺」という副題で、習志野廠舎に「保護収容」された朝鮮人の中から日本の当局に反抗的な「不逞者」を選び出して殺害したり、周辺の村にくばって殺害させていたというショッキングな事実も聞きとりがなされている。収容所で中国人が殺害されたことや、管理当局とも話して収容者の自治活動を計ったところ、睨まれて九死に一生を得たことも聞き書きされている。これらを集成した同会編の『いわれなく殺された人びと』は、関東大震災六〇周年の一九八三年に出版された。

同年一一月には『季刊三千里』冬号が「関東大震災の時代」を特集し、安岡章太郎、金達寿らが寄稿しているが、その中で山田昭次は、一〇年前に刊行された『かくされていた歴史―関東大震災と埼玉の朝鮮人虐殺事件』が日朝協会埼玉県連が中心だったのに比べて、さきの聞きとりが市民たちの運動として進められるようになったのは大きな変化だと評価している。東京では、関東大震災時に虐殺された朝鮮人の遺骨を発掘し慰霊する会が活動し、現地での調査に加えて韓国への聞きとり旅行なども行って、遺骨の発掘をめざしており、中国人虐殺事件のことも取り上げている。その後、会名中の「慰霊」を「追悼」と改め、一九九二年七月には『風よ鳳仙花の歌をはこべ』を刊行し、中国人虐殺事件についてもまとめて述べている。

こうした動きに対応するかのように、一九九一年には仁木ふみ子『関東大震災中国人大虐殺』が岩波ブックレットで出された。仁木は上海の新聞報道などの中国側の史料でこの事件を知り、研究を始めた。吉林の豪商の家に生まれたエリートである王希天のことを調べるだけでなく、出稼ぎにきていた辛うじて生き残った労働者やその遺族たちを浙江省南部の温州の奥地に尋ねてその話を聞くなどの努力を重ねて、被害者から見た事件の状況を追った。事件については外国人労働者問題としての面を重視する。すなわち中国人労働者を警戒していた警察と、これを競争相手として敵視していた人夫頭（労働ブローカー）が、日本人人夫たちを扇動して組織的に起こしたことを強調する。そして権力の扇動に乗って狂気の暴徒と化した日本の民衆の意識やあり方を批判し、その底には根強いアジア人蔑視とそれと結び付いた人権感覚の欠如があるとする。しかもそうした体質は今日なお続いており、外国人労働者問題にはっきりと現れていると警告する。

この頃には中国人虐殺事件に対する中国での報道・告発の研究や、この問題を外国人労働者問題としてとらえようとする研究が活発になった。横田豊「関東大震災下の中国人虐殺事件の告発」(『青山学院文学部紀要』三二号一九九〇年)には中国で発表された被害者一覧がある。

一九九〇年に刊行された伊藤隆・広瀬順皓編『牧野伸顕日記』にも、この事件にふれた記事があり、少しちがう角度からも見ている。一一月二一日に小村俊三郎は当時宮内大臣だった牧野を訪ね、「亀戸事件に付熱誠の意見開陳」、これは中国人虐殺事件のことである。牧野は「容易ならざる問題」と考えたが、途中で宮中に出仕、小村は翌日も来て続きを話し、牧野は「是非首相へ摘要、特に国際関係及び第一次山本内閣当時の漢口、南京、昌黎事件等を如何に取り扱いたるか、首相の記憶を喚起して相当大所より処置相成り」たいとの希望を切言されるのがよいだろうと述べた。これら事件は一九一三年の中国第二革命で日本の出先軍人が革命派を援助したのに反発して、北京政府軍が日本人居留民を殺害したりしたもので、参考にあげたのだろう。牧野は大久保利通の次男で第一次山本内閣の外相、小村は宮崎県飫肥(現日南市)の生まれ、小村外交で有名な小村寿太郎のまたいとこ(祖父同士が兄弟)で、その当時は中国在勤の外交官だった。山本首相は「薩の海軍」の大御所、伊集院外相は夫人が大久保の娘で牧野の妹、いずれも薩摩閥の縁があった。二三日には伊集院外相が牧野を訪ね、事件の経過を詳述したあと、小村の主張のように事態が進行すると主管大臣の責任にまで及び、現に甘粕事件の責任もあるので、新たに責任問題が起こると内閣の破綻にもなりかねないと詳細を述べた。牧野は内閣の進退問題となるのでは大いに考慮の要があるが、そこまで行かない範囲でなんとか治めることはできないかと反問、伊集院は簡単にはゆかないが、なんとか大事に到らないよう処理したいと答えた。その後もこの問題について牧野と伊集院、それに山本首相の間で往来があったが、難しい問題の上に震災後の多様な問題が山積していたため、処理が進まないまま、一二月二七日の虎ノ門摂政狙撃事件による山本内閣の総辞職となった（九九―一〇四頁）。

一九九三年には関東大震災七〇周年記念集会が、一年余りかけて準備した同記念行事実行委員会（委員長松尾章一）によって東京大島町の江東区総合区民センターを中心会場に、三日間にわたって開かれた。そして記念講演や四分科会の記録などを収めた同委員会編『この歴史永遠に忘れず』が翌年一月に刊行された。そこでは震災下の虐殺事件について権力犯罪としての面にも注意するが、朝鮮人・中国人に対する差別と敵視に同調してしまった社会主義者を含めて日本人の心性が主にとりあげられ、それが今日なお克服されていないことが問題とされた。続いて一九九七年には松尾章一の監修で資料集『関東大震災　政府陸海軍関係史料』がⅠ巻　政府・戒厳令関係史料（平形千恵子・大竹米子編）、Ⅱ巻　陸軍関係史料（田崎公司・坂本昇編）、Ⅲ巻　海軍関係史料（田中正敬・逢坂英明編）の三巻として刊行された。Ⅱ巻には上述した関東戒厳司令部詳報も収められている。

仁木は、かねてこの問題の究明を通じて、被害を受けた中国人労働者の故郷の人たちと日本人の間に新しい結び付きを作り出そうとしていた。そしてこれら労働者の故郷に近い温州市に建てられた王希天殉難記念碑が、ここを一時上陸占領した日本軍の手で倒されたのを再建するとともに、犠牲者の遺族の子供たちを就学させるための教育基金を贈ろうとする運動を呼びかけ、カンパを募った。こうして生まれた「関東大震災の時殺された中国人労働者を悼む会」は、一九九三年九月三日に温州で再建された王希天・華工殉難記念碑の除幕式をあげ、続いてせめてもの償いとして、殉難した遺族の子供たちの就学資金を贈った。そして一一日には東京渋谷で王希天と中国人労働者問題を考える記念集会を開き、王希天の遺族と温州の代表も参加した。

同じ頃に横浜開港資料館では関東大震災七〇周年記念展示を行ない、そこには台湾中央研究院近代史研究所所蔵の国民政府接収前外交部案巻「日本震災惨殺華僑案」のコピーも展示された。同館ではその後も関東大震災による横浜の華僑の被害と救援活動等に関連する資料収集と研究をすすめた。伊藤泉美「関東大震災と横浜華僑社会」(『横浜開港資料館紀要』一五号、一九九七年)は、中国総領事館報告や外務省記録なども利用した研究である。

この一九九三年に仁木が刊行した『震災下の中国人虐殺』は、新たに温州で得た中国人生存者の証言を加え、それらを現地の情況と照らし合せて考察するとともに、外国人労働者排斥・迫害の先頭に立った労働ブローカーとそれに踊らされる労働者大衆の生態を、著者が一時住みこんだ江東区大島町や深川富川町（現森下三丁目）での体験を生かして明らかにした。そしてこの問題が、今日の問題でもあることを力説している。仁木はこの研究をすすめるために、外務省外交史料館で広く関係史料にあたって、膨大なコピーを作成していた。これがこの史料集の基礎となった。さきの資料に基づく被害者名簿も、その巻末に収録された。

難を逃れた生存者や関係者の聞きとりなどで被害者の人名、遭難場所、時日、態様などがかなり詳しく明らかにされた中国人虐殺事件の究明は、「亡国の民」にされ、記録を残すこともできなかった朝鮮人虐殺事件を照らし出す一助ともなるだろう。

一九九四年に出された山脇啓造『近代日本と外国人労働者―一八九〇年代後半と一九二〇年代前半における中国人・朝鮮人労働者問題』は、このテーマに関する詳細な体系的研究で、朝鮮人虐殺事件も、すでに中国人虐殺事件で指摘されているように日本人労働者との軋轢が重大な一因だとした。これは従来の研究と資料を丹念にあげ、詳細な研究史ともなっている。やはりこの年に出た佐野真一『巨怪伝』は、当時警視庁官房主事として朝鮮人暴動のデマや王希天事件など極秘情報に深く関わった正力松太郎を軸に、震災下の動きをヴィヴィッドに伝え、中国人虐殺事件を詳しく追及した。

一九九五年一月一七日に兵庫県南部の直下を襲った阪神・淡路大震災は、大地震とそれに伴う火災、「大震火災」の恐怖を如実に印象づけた。それによって、破壊された多数の人びとの生活を救援しライフラインを復旧することが容易でなく、手間のかかることを改めて見せつけた。だがそこでは、戒厳令のような権力的な救援ではなく、市民のボランティアによる自発的な救援活動が重要な役割を果たすことも経験的に学ぶことができた。こうしたことは今後の関東大震災の研究にも示唆を与えるであろう。

東アジアの国際情勢

本稿は、私が一九九二年九月一二日に東京都江東区森下文化センターで開かれた中国人労働者集団虐殺六九周年追悼記念集会での報告を基に、集会席上での参加者の発言も参照して『湘南国際女子短期大学紀要』創刊号（一九九五年）に載せた同名の小論の前半に、かなりの訂正、加筆を加えたものである。その後の主な研究業績は文末の関連史料年表に入れた。小論の後半は仁木の解説と重なるので省略するが、最後の国際的な背景に関するところをやはり加筆、掲載して結びとする。

関東大震災の起こる一九二三年には、東アジアの国際情勢は動き始めていた。日本は、第一次世界大戦中に中国に二十一ヵ条要求を突きつけ、最後通牒で中国政府に承認させた。だが一九二二年になると中国では、旅順大連租借期限の九九年への延長などを決めたいわゆる二十一ヵ条条約は日本の脅迫によるもので無効だとし、そうすれば日本の旅順大連の租借期限は翌二三年で満了するとして、旅順大連回収運動を盛り上げた。二三年一月には中国国会が二十一ヵ条無効宣布案を可決すると、中国政府は日本政府に同条約の廃棄を要求し、続いて旅大（日本の呼び名では関東州）の接収を申し入れた。日本政府がこれを拒否すると日本商品排斥運動が激しくもりあがったのである。こうした排日運動の高揚は、アジアの指導者を以て自任していた日本人たちの反感を買った。

そこに五月には津浦線の臨城駅付近で外国人が馬賊に拉致され、長期監禁されるという事件がおこった。英仏などはこれを利用して中国鉄道を国際警備隊で防衛することを主張し、日本はそれでは中国が国際管理下に入ると反対した。中国の排日運動は排英運動へと転換しようとする動きも見せていた。

ワシントン会議から外されていたソ連も東アジアでの動きを強めていた。一月には極東代表ヨッフェが広東政府の孫文との共同宣言をだし、ソ連が中国の国民革命を支援し、孫文は中東鉄道の中ソ共同経営を承認した。ソ連の東アジア復帰と中国国民革命の進展という新たな情勢に日本がどう対応するか。それはこの時期の極めて重要な課題であった。

やがて山本内閣の内相となる後藤新平は当時の加藤友三郎内閣の妨害を排してヨッフェを日本に招き、日ソ復交に乗り出していた。山本内閣ができて後藤が内務大臣、犬養毅が逓信大臣になると、孫文は中ソ日の提携をよびかけた。王正廷の来日目的の一つは、日露交渉の経過を探って中露交渉に役立てようというにあった（『日本外交文書』大正一二年第一冊六六三頁）。日本政府もこうした国際情勢の変化に柔軟に対応することで経済発展を図ることを重視した。

だが旅順大連回収運動とそれに伴う日貨ボイコットは、これら満州の権益は日本が日露戦争で血を流して獲得したものだと教え込まれてきた日本人の間に広く反発を呼び起こした。貴族院や枢密院など保守的支配層からは中国に対する強硬外交論が生まれていた。とりわけシベリア出兵が惨憺たる失敗に終わった軍部のなかには、日本軍を苦しめたパルチザンの記憶と重なり合う形で、朝鮮独立運動や中国の国権回復運動、それに社会主義運動に対して敵意が強まっていた。首相の死で辞表提出中の加藤（友）内閣の閣僚たちが山本内閣の成立直前に急いで戒厳令を布告したことも、こうした情勢と突き合わせて意義付ける必要があろう。

国内を見ると、この時期には日本人の失業者も増加する中で、朝鮮人ならびに中国人労働者の流入が急増していた。この年七月二四日の『東京朝日新聞』は、「内地労働者の新しい脅威、失業者の渦巻く中へ流れ込む鮮人」と報じた。さきの小川論文からも類推できるように、朝鮮の独立運動と中国の排日運動に対する反感とこうした生活への脅威に対する怨念とが結びついて、日本の民衆の排外主義を強め、この悲しむべき事作の伏線となったといえよう。

他方でこの時期は、大正デモクラシー運動の曲がり角で、労農運動と社会主義運動が民衆の間に影響力を強めようとし、日本の労働運動家が在日朝鮮人の労働運動と手を結ぼうとする動きも生まれていた。王希天の活動も中国人労働者と日本の社会事業家とを結びつける役割をもっていた。これに対して、権力の取り締まりや国家主義団体の攻撃も強まっていた。震災の混乱の中で権力の主導で起こされ、民衆をも巻き込んだ朝鮮人虐殺、中国人虐殺、社会主義者虐殺の諸事件は、こうした国際的な運動と民衆の間にくさびを打ち込むものであった。

これらの事件の真相を究明し、過ちを明らかにすることによってこのくさびを抜き取ることができるか。それはこうした運動にも、日本の民衆にも課された課題であり、その解決いかんは日本の進路に大きな影響を及ぼすものであった。十二月にはさきに述べた王希天の追悼会が救世軍本営で開かれたのをはじめ、一九二四年二月の労働総同盟全国大会は朝鮮人虐殺についての当局の責任を糾弾する動議を可決し、三月一六日には東京で「日支鮮人追悼会」が日朝各団体の共催で開かれ、三五〇人が参列するなどの動きがあった。こうした動きはもっと広く研究する必要があるが、当時の日本人はこれらの事件について国民的な反省をするにはいたらなかった。

関東大震災と戒厳令とは縮まりかけていた軍部の力を伸ばした。既成の秩序や権益に対する問いかけには耳をふさいで、これを力で守ろうとする態度が民衆の間にも広がった。震災の渦中で出された治安維持令、またの名で流言浮説取締令は、一九二五年には日ソ国交回復と男子普通選挙法と交換する形で治安維持法となった。宇垣軍縮の一方で学生軍事教練も始まった。その年の秋に小樽高等商業学校の軍事教練で、配属将校が、地震が突発し無政府主義者と不逞鮮人が暴動を起こしたと想定したことが問題となり、学生連合会が軍事教練反対運動を起こすと、直ちに弾圧され、普通選挙法と同時に制定された治安維持法が初めて適用されて有罪となった。

この時期には中国への経済的発展を重視する幣原外交が生まれたが、中国国民革命の急激な進展を危惧する保守派の反対で倒れた。そして「満蒙権益」の固守をめざす田中内閣と関東軍とは、張作霖爆殺事件を呼び起こしてまたも隠蔽劇を演じた。さきに読売新聞記者として中国人虐殺事件の罪過を率直に認めてこれを匡救すべきだと論じた小村俊三郎は、国家主義的な面ももつ外交評論家であったが、いくら何でも九九年の租借期限延長は長すぎると、二十一ヵ条条約の改定を含めて、国際関係を考慮した対満州政策と日中関係の立て直しを主張していた（「国際的満州と日本」新渡戸稲造編『満蒙問題研究』一九二九年）。

『史料集　関東大震災下の中国人虐殺事件』編集の最終段階では、震災後の一一月に丸山伝太郎らと大島町で中国人労働者被害の調査に当たった「大迫」について、『大迫尚隆遺稿』（編集代表納富貞夫、出版人大迫尚道、永積純次郎、納富貞雄。非売品、一九二八年）を、仁木とその協力者の執念ともいうべき努力で見つけ出すことができた。父の尚道は鹿児島県出身の陸軍大将、伯父の尚敏は薩英戦争以来の軍人で陸軍大将、学習院長という名門の出だ。東京帝国大学経済学部の学生だった彼は、この事件の真相を発表して国民的な悔恨と弔意を示し、惨事の原因となった国民的教養の欠陥を是正すべきだと、山梨半造戒厳司令官や警視庁の当局者にも説いている。

だが日本の指導者は、こうした声を聞きとって、自国の罪過を明確に批判し政治や国民教育の改革をはかろうとはしなかった。むしろこれと反対に、アジアの民衆に対する差別感とそれと結び付く恐怖感や敵意を強め、同様の罪過を拡大再生産する道を進んでゆくことになった。

さきの『資料集』刊行の直前には本格的な研究書である波多野勝・飯森明子共著の『関

東大震災と日米外交』（草思社　一九九九）が刊行されていた。日米関係が、満州問題をめぐって緊張関係が生まれるのは、日露戦争の直後からであるが、それに合わせたかのように一九〇六年（明治三九）四月一八日早朝にサンフランシスコ港の沖合で大地震が起こり、市街地は三日三晩燃えつづいて、十万人の市民が家を失った。明治天皇は直ちに二十万円の見舞金を送ることを決め、渋沢栄一らの実業家がこれに続いた。大地震当時日本人の住民は一万人だったが、その後移民が増大するなかで移民排斥運動や学童隔離問題も起こった。その後日米戦争論がエスカレートするなかでアメリカ太平洋艦隊の日本訪問が行われ、日本海軍でのちに首相となる加藤友三郎次官がを接待にあたり、問題はおさまった。

それから十有余年、一九二三年九月一日に関東大震災が起こると、第一次大戦の戦勝国として国力を誇るアメリカはクーリッジ大統領、ウッズ駐日大使を先頭に大規模な援助にのり出した。中国の山海関近くに派遣されていた米国アジア艦隊のアンダーソン司令官はその情報力を生かして米国陸軍の食料や医療物資を集め、五日には横浜に到着した。駆逐艦隊は箱根、鎌倉方面のアメリカ人を収容するため、軍艦山城に許可を求め、艦長は独断でこれを許可し、小林躋造第三戦隊司令官もこれを追認した。だが加藤寛治第二艦隊司令長官や財部彪海相から国防機密が漏れるという批判が起こった。米海軍の救援に対応するばかりでなく、米国に対抗する意志が強く出されたように見える。

Ⅲ　内田康哉臨時首相と戒厳令布告

震災直後の内田康哉と伊東巳代治

「災害はわるいところにやってくる」私はこんな題で関東大震災八八周年の二〇一一（平成二三）年九月一日に横浜の野毛地区センターで講演したことがある。その時は一九二三（大正十二）年八月二四日の加藤友三郎首相の病死で政府の中心が欠けていたことをさしたのであるが、じっくり考えるともっと視野を広げたほうがよさそうだ。その前年にはロシア革命の流れを引く共産主義の勢力が東アジアにも及び、この一月には中国では国民党総理の孫文とソ連代表ヨッフェとが共同宣言を出し第一次国共合作が軌道に乗り、日本でも共産党結成に向かう動きがさまざまの分野で進んでいた。これに対して権力の側でも、革命運動を若芽のうちに摘み取り、民衆の間に広がるのを防ぎ、さらには民衆に敵視させようとしていた。そうしたなかで関東大震災が起こったのである。

政府は八月二五日正式に首相の死を発表し、内田康哉外相が臨時首相を兼任した。そして大正天皇の病気で摂政となっていた皇太子裕仁が元老への下問など慣例の手続きをへて、元首相の山本権兵衛海軍大将に後継内閣の組閣を命じ、山本の組閣工作中に大地震が関東地方南部を襲ったのである。関東大震災の地震学的研究は最近急速に発展したようであるが、その業績である武村雅之『関東大震災―大東京圏の揺れを知る』（鹿島出版会二〇〇三）によると、最初の震源は小田原町をふくむ相模湾北西部の地域で、地震の強さを示すマグニチュードは七・九だった。しかもその二分半後には東京湾中部を震源とする余震、さらにその二分後には山梨県東部を震源とする余震が続いて起こった。それらはマグニチュード七・二と七・三の直下型地震で、余震としては異常に大きかった。その後も数日にわたってかなり大きな余震が続いた。東京・横浜一帯では無数の家屋が全半壊し、大火が燃え広がり、多数の死傷者と避難民であふれた。その中で内田臨時内閣は九月二日に戒厳令を公布し、その夕刻に成立した第二次山本内閣と代わった。

内田には、公刊の『内田康哉』（伝記編纂委・鹿島平和研究所編　一九六九）がある。これは、元外交官の青木新が執筆した『内田康哉伝記草稿』を四分の一程度に縮めたものであるが、その第一七章「再度の兼任総理大臣就任」は、公刊本にはとられていない。だが執筆者の青木が米軍による空襲と戦災から守り抜いたこの『伝記草稿』の副本は外務省外交史料館で所蔵、公開されており、閲覧できる。

なお青木から内田家に寄贈ないし返却したと思われる内田の伝記資料が、内田の生家跡に建設された熊本県氷川町竜北歴史資料館に所蔵されている。その中には青木らが複写修復した「日記抜録」も含まれており、これは小林道彦ら編『内田康哉関係資料集成』(柏書房 二〇一二)に収録されている。

平民宰相として親しまれた原敬を総裁とする立憲政友会は、一九二〇(大正九)年五月の総選挙で、小選挙区制を利用して衆議院四六四議席中二七八議席の絶対多数を獲得したが、その翌年の十一月に原首相が暗殺されると、政友会が高橋是清蔵相を首相にすえて政権を引継いだ。だが高橋総裁の下で政友会の内紛が激化し、高橋は政権を投げ出した。政友会は、同党の再組閣を期待していたが、松方正義、西園寺公望の両元老はワシントン会議の処理を重視し、同会議の首席全権だった加藤友三郎元海相に白羽の矢を立てた。政友会は、加藤元海相が組閣できずに投げ出せば、政友会に政権が廻ってくると楽観していたが、元老は憲政会総理の加藤高明を第二候補に考えていると聞き、慌てて加藤友三郎支持に回り、加藤友三郎が政友会に近い貴族院の会派を中心に組閣し、政友会が与党となる党色貴族院内閣が作られた。

加藤（友）首相はそれから一年二ヵ月余で病死し、とりあえず内田臨時内閣となったのであるが、前内閣からの閣僚たちの間では、自分たちの中から首相を出して前内閣の延長内閣をつくろうという動きが起こり、その場合の首班には岡野敬次郎法相や内田外相が擬せられていた。竜北版「日記抜録」八月二八日の項には「両三日来岡野説漸次下火となり内田内閣説漸次台頭」とあるがやがて変わる。

八月二七日には摂政裕仁の命で、徳川達孝侍従長が勅使となり元老西園寺公望に下問すると、西園寺は長く野にあった薩派の山本権兵衛を出したいと考え、松方にも計って同意を得たあと、葉山御用邸でこれを内奏した。摂政は内大臣平田東助にもこれを伝え、平田はこれをうけいれるよう摂政に答え、山本に第二次内閣の組閣が命じられた。

内田臨時首相は二九日に閣議を開いて貴族院の勅選議員三名の補欠を決め、三一日までに書類の整理を終えた。九月一日には内田は午前一〇時頃登庁し、十一時過ぎ理髪店に行き、散髪中に大地震に遭った。

内田はフロックに着かえて参内、十二時半に摂政に拝謁したあと、緊急臨時閣議を開いて警視庁官制第四条第二項による出兵要求の件を可決し、九時ごろ散会した。内田は西大久保の私邸に帰り一〇時三〇分に就寝した。

内田の日記によると、二日大火止まず、物凄い光景。「九時前に永田町官舎に至り閣議を開き協議、緊急徴発令、臨時震災救護事務局勅令を議定し、水野内相、下条（注　内閣事務官）同車、伊東伯、浜尾副議長を訪ねて了解を求め、赤坂離宮に至り、内相と共に拝謁、御裁可を請う。殿下より「サゾ心配だろう、今後尚宜しく頼む」と御言葉あり。殿下御署名中十一時四十五分頃地震あり．十二時五分頃永田町に至り報告。更に戒厳令の必要を認め、閣議を定め、更に伺候。十二時四十五分頃御裁可を得、直ちに永田町に至る。」とある。永田町は首相官邸を指す。

ところで『帝都復興秘録』（東京市政調査会編　一九三〇）を見ると、この文章の間に内田日記にはない一節がある。同書の伊東巳代治伯談話によると、枢密顧問官の伊東は震災直後から内田臨時内閣の相談にあずかっていた、二日早く水野錬太郎内相が非常徴発令に判をもらいに来たが、戒厳令についてはあまり仰々《ぎょうぎょう》しいとためらっていたので、即刻施行の裁可を仰ぐように注意し、午後三時ごろ馬場鍈一法制局長官から今出したと報告があった、内田内閣最終期の事実であると述べている。戒厳令の方は事の重大さに前内閣の閣僚がためらっていたが、伊東顧問官の応援で思い切って出し、摂政の裁可を得た。震災の混乱の中で公布までの手続きを済ませたのが午後三時ごろということになるのであろう。これは流言がまだ小さいうちに戒厳令が出されたという姜徳相『関東大震災』（中公新書、一九七五年）の指摘と合致する。加藤（友）内閣の内相は水野錬太郎、警視総監は赤池濃で、三・一運動の直後に朝鮮独立運動の鎮圧にあたったコンビであった。朝鮮人暴動の流言はこの時にはまだ広がっていない。赤池が戒厳令の宣告を最初に主張したことが通説となっているが、ここでは枢密顧問官の伊東巳代治と内田臨時首相がこれを支援したことが強調されている。

最近刊の宮内庁『昭和天皇実録』第三巻（東京書籍　二〇一五）に依れば、摂政はこの日午前十一時四十分内田臨時首相の謁を受け、非常徴発令・臨時震災救護事務局官制の制定と戒厳令の一部施行について言上を受け、上奏を裁可し署名した。昼食後戒厳令に関し言上を受け、上奏を裁可し、午後二時二十分陸軍省の上奏を裁可したとある。これで、勅令第三九六号非常徴発令と同第三九八号一定の地域に戒厳令中必要な規定を適用するの件との二つの緊急勅令ならびにそれらの施行に必要な勅令の臨時震災救護事務局官制と戒厳令の適用条文と適用地域を指定する件などの勅令と、陸軍の軍令で制定される戒厳司令官に関する規定などが裁可されたのだろう。これで戒厳令関係の勅令の裁可を終わり、それらが即日公布・施行されたのである。

この戒厳令は、明治憲法第一四条に依る軍事戒厳ではなく、平時の非常事態に対処して憲法第八条の緊急勅令によって戒厳令中必要な規定を適用する行政戒厳として発動された。すなわち、勅令第三九八号一定の地域に戒厳令中必要な規定を適用するの件は、勅令第三九六号非常徴発令と同じく帝国憲法第八条に依る緊急勅令、すなわち人民の権利に関わり本来は議会で審議する法律によるべきだが、緊急の必要上法律に代わる勅令として制定されるもので、議会の審議を経ない代わりに、枢密院が天皇の諮詢を受けて意見を述べることになっていた。しかしこの場合には震災のためこれが困難とされ、省略されたのである。

内田日記には戒厳令の施行に関連して、これに慎重な浜尾新枢密院副議長と「大いに抗論力説」したとある。内田は次のように続ける。「浜尾戸外に出でず、時局の重大なるを知らず、唯議長のことを気にして責任を執らず。余励声抗争して曰く、迷惑乍ら副議長に於いて此の際のこと故責任を負うて議長（清浦奎吾－今井加筆、以下同じ）に代わられたし、昨日来百方策を講ずるも議長と連絡出来ず、議長未だ来らず、枢府書記官長（二上兵治）の如き、昨日一度招きに依り姿を現したる以来、居所不明、今も出で来らず、且つ敢えて議長の責任を求むるに非ず、責任は閣員之を執り、余は切腹之に当たる覚悟なり、今都下の惨状座視するに忍びず、一刻を争うの事態なるに大森（清浦枢密院議長の居住地）との交渉に時を移すは断じて不可なりと叱咤し漸く浜尾同意す。」とある。ここでいう都下の惨状とは、取りあえずは、深川の米の倉庫も焼かれて食物もなくなり、米騒動の再来が懸念されるという程度の意味のようである。法律に代わる緊急勅令を発布するには枢密院の審議が必要になるが、内田は枢密院きってのうるさがたである伊東と、議長に代わる浜尾副議長の同意があればよいと考えていたように見える。

ただ内田と伊東の間にはいざこざもあった。この年（大正十一年）十二月にはワシントン会議の決議に基づいて、中国にある日本郵便局を閉鎖する日中郵便協定が調印され、満鉄附属地内の日本郵便局は暫定的に現状を維持するが、他日政府間交渉の題目にすることもあり得るとされた。伊東巳代治が主導する枢密院はこれに反発し、協定に調印したことは不当だとして、十二月二十八日政府弾劾の上奏文を可決し、清浦奎吾枢密院議長より摂政に奉呈された。これに対して政府は本協定が一月一日より効力を発するものであり、しかも内容的には問題がないとして、清浦枢密院議長の諒解のもと、摂政の裁可を求める上奏文を奉呈し、これは直ちに裁可された。枢密院の政府弾劾の上奏問題はまだ決着していなかったが、大正十二年一月二十一日、摂政より首相と枢密院議長に円満に処理するようにとの勅語を下されて、問題は一段落した。

岡野敬次郎法相が伊東に頼まれて内田外相を訪れた一月六日には、中国で関東州租借地返還運動が準備されている時でもあり、伊東の行動には宮内省側に同情がないらしいし、伊東も早く結末をつけたいと考えている様子なので、政府弾劾上奏より穏やかな方法で問題が処理されたようである。

なお青木の『伝記草稿』は、大正十四年五月二十四日の日記も付け加えている。内田の枢密顧問官就任後に一日内田を幹事に桃李会を催したことがあって、それに出席した伊東伯は震災当時に於ける内田の功績を賞揚措かなかったとする。

桃李会出席、来会者十八名、近頃珍しく盛会なり。自分幹事長挨拶を述ぶ。伊東伯曰く「近頃大震災に付き市及びその他の出版物を見るに、九月一、二両日に於ける閣下臨時内閣の苦心功労に言及するものなし、之甚だ遺憾なり、独り山本内閣を云々するも、同内閣は結局閣下の方針を踏襲せるに過ぎず。応急の大方針は手際よく閣下の内閣に於いて処理せられたり…」と。余曰く「当時新聞はなく、一二日の記事記載せるものなきによらん。云々」と。

これは、伊東の自画自賛とも言えるが、存外二人とも戒厳令布告の評判を気にしていたことを示している。

戒厳令と虐殺の拡大

九月一日の大震災の直後には東京衛戍司令官代理となった第一師団長石光真臣が、ほぼ現在の中央線を境にその北部を近衛師団、南部を第一師団と警備地域を分けて特別警戒の配備を進め、戒厳令が二日に施行されると、それが引き継がれた。各部隊が配備され活動した諸地区の状況は、それぞれの下級将校や下士官が指揮する小部隊について出された勲功具状から読み取ることができる。

各行動部隊の行動は、それぞれの活動時期や地区状況の違い、指揮官の行動ないしは情報を供給する地域ボスの動向などによって左右される。だが一番問題なのは、部隊にとって都合のよいことだけが発表され、都合の悪いことは書かれないか発表されないことで、事件そのものが闇に葬られることになる。

亀戸駅付近の状況については、近衛師団の騎兵第一三連隊機関銃隊岩田文三大尉外五二名への勲功具状がある（『現代史資料』六巻　一二九ページ）。九月二日連隊長代理の指揮で「余焔尚消へざる亀戸―両国―本石町―日比谷の地区を前進し、更に又同地区を反転して亀戸停車場に向ふ。この間暑気の余焔の苦熱に蒸され、しかも一滴の水を得ることなく、具に徒歩行軍の苦を嘗めつつ、午後七時半辛ふじて亀戸停車場に到着す。時日已に没して四面暗黒なり。当時焼失を免れたる亀戸付近は避難民雲集し、非常なる混乱状態にあり。此の時不逞鮮人来襲の流言を生じ、混乱は愈《ママ》が上に加はり、各所に喚声を聞き不穏の形勢刻々に加はる。茲に於ておいて予備隊たりし機関銃隊は、一部をもって停車場を警備し、主力は喚声に向ひ進み、極力治安の維持に任ぜり。殆んど狂的に興奮せる住民は良否の区別なく鮮人に対し暴行せるのみならず、或は警鐘を乱打し或は小銃を発射するものあり、此の混乱の夜は遂に機関銃隊将卒をして東奔西走一睡を貪らしむる能はずして天明に至る」と。

江東地域では多数の朝鮮人が虐殺され、東亜日報社の調査では南葛飾郡の亀戸町付近では一〇〇名を超える朝鮮人が虐殺され、その南に当たる大島町八丁目付近でもこれを上回る朝鮮人と中国人の死体が放置されており、大半が中国人とされた。中国人が殺害されたとなると、日本の支配下にあった朝鮮人の場合のようにごまかすことは難しく、国際問題になる。日本の警察と外務省は、虐殺を知るとその痕跡をなくし、事件の拡大を防ぐため中国人と朝鮮人を習志野演習場に集めて保護する方針を決め、陸軍もこれに協力した。しかしこのことは勲功具状等には出てこない。そこに入れられない機密に属するのであろう。

九月三日ごろになると、警察当局には朝鮮人の来襲説は全く事実無根で、個々の朝鮮人の暴行の噂もおおむね疑わしいことが判った。その上、自警団の暴行はますます過激になり、これを抑えようとする警察や軍人に対する反抗も始まった。だがそのために警察が伝えてきた流言を一挙に否定すれば、民衆の怒りが警察に向けられることになりかねない。当局では一部不逞鮮人の妄動はあったが、大部分の朝鮮人は順良だから迫害するなと命令し、自警団の武器携帯を禁止した。一方で、朝鮮人の妄動の背後には社会主義者の煽動があるとして、社会主義者の弾圧に矛先を向けようとしたのである。

五日には各省と戒厳司令部の協議機関である臨時震災救護局警備部が朝鮮人の暴行の事実を極力調査するとともにその背後で赤化日本人または赤化朝鮮人が暴行を煽動した事実があったことを宣伝することを決めた。社会主義者に対する弾圧や迫害は激しくなった。

七日には支払猶予令、暴利取締令と並んで治安維持に関する罰則の件が、緊急勅令で出された。これは暴行等の犯罪の煽動、安寧秩序紊乱の為の流言浮説を為したものに一〇年以下の懲役等の実刑を科しうるとしていた。新聞紙法では五百円以下の罰金または六月以下の禁固が基本であるのに、ここで問題となる言論には一〇年以下の懲役か禁固又は三千円以下の重刑を課すると脅して言論の抑圧を計るものであった。

治安維持令または流言浮説取締令とも略称されるこの緊急勅令は一見朝鮮人来襲の流言を取り締るために出されたように見えるが、実は朝鮮人虐殺や社会主義者迫害への批判を禁圧し、さきの警備部決定を具合よくすすめさせるために出された。『大正十二年長野県震災史』（一九二九）はこの勅令の適用に当たっては主として「社会主義者その他これに類する不逞の輩」の取締りを主眼にせよとの意味の内示があったと記している。

　南葛の労働運動家に対する検挙と虐殺もこの時期に始まった。南葛飾郡大島町三丁目の純労働者組合長平沢計七が三日夜一〇時ごろ夜警から帰宅したところを張り込み中の亀戸署員に検束され、亀戸町の南葛労働会本部理事川合義虎、山岸実司、北島吉蔵らも同夜会合したところを同署の刑事に踏み込まれ、書類などを押収され検束された。その外にも南葛労働会吾嬬支部長の吉村光治や純労働者組合の中筋宇八ら、ならびに塚本労技会幹事、柔道の先生など四人の自警団員も検束された。

　これらの行方不明者については、家族たちが警察に問い合わせても、まともに取り合おうとはしなかった。そうした状況を打開したのは労働組合の同志並びに山崎今朝弥・布施辰治ら自由法曹団の弁護士の活動だった。一〇月一〇日には警視庁は亀戸署内で一〇名の労働運動者と四名の自警団員が殺された事実を認めた。

　南葛労働会の河合義虎ら八名と準労働者組合の平沢計七ら二名が亀戸署に検束され、軍の史料によると五日未明に殺害され、外にも柔道の師範など四名が亀戸署で捉えられて行方不明になっていたが、これらのことは家族にも隠されたままであった。

　九月下旬になると、南葛労働会の川崎甚一らが総同盟に亀戸事件について報告し、各団体にも連絡を始めた。布施辰治、山崎今朝弥ら自由法曹団では一〇月下旬までに関係者から当時の実情を聞き取りして、亀戸労働者殺害事件調書などをまとめた。警視庁では一〇月一〇日に初めて事件を発表し、平沢、河合らを検束したのは革命歌をうたい流言を流していたためで、留置所に入ってからも制しきれぬので軍隊に刺殺させた。これは衛戍勤務規定にもとづく適法の行為だと押し通した。

平沢らの遺体の引き渡しにも事件があった。亀戸署では、これら殺害された被害者の遺体は十一月一四日に遺族らに引き渡すことを約束していた。だが一四日の当日になると、午前九時ごろ正私服の警官五〇名が人夫に姿を変えた警官を交えて死体発掘を始め、腐乱した無残な死体を次々と掘り出し、午後五時ごろ全部の発掘を終った。警官らは用意した棺桶に死体を収めて亀戸方面に運び去り、遺族が回向しようと現場に近づくと叱り飛ばして傍に寄せ付けない有様だった。土葬にしたままの遺骨を引き渡したら斬首するなどの殺され方が明らかにされる惧れがあるとして改めて火葬し直そうとしたのであろう。前日遺骨引き取りを約束していた労働総同盟の関係者は違約に怒ったが止むをえないので、来春各組合でこれら犠牲者たちの組合葬を執行することを決めて引き取った。

こうした労働組合などの抗議によって、それまで明確な形では判らなかった亀戸署での犠牲者のことが析出されたが、労働組合との関係の明確でない木村條四郎ら殺された自警団関係者のことはよくわからない。

ところで、本書の主題とされた大島町事件と王希天事件の犠牲者は、まだ析出されていないが、どんなふうに析出の道を辿って行ったか。これを問題として考えてみることができよう。

大震災下の虐殺事件でいち早く政治問題となったのは、九月一六日に起こった大杉栄、伊藤野枝夫妻と大杉のまだ七歳の甥の橘宗一に対する虐殺であった。九月一六日、これらの人物が、甘粕正彦憲兵大尉らの手で東京憲兵隊本部に連れ込まれてそこで殺害されるという事件が起こった。いわゆる甘粕事件である。この事件は、前から大杉が殺されるという流言が流布し、殺される危険が判っていながら防げなかったもので、国家権力によって奨励ないし黙認され行われたことを示している。甘粕ひとりではなく、これらの死体は無造作に憲兵隊構内の古井戸に埋められた。

大杉が行方不明になると、友人の安成二郎らが探索に全力を上げた。九月二〇日には『時事新報』と『読売新聞』とが号外を出して大杉が殺されたことを報じた。この号外は直ちに頒布禁止を命じられたが、戒厳令や治安維持令による言論弾圧に突破口を開いた。戒厳司令官の福田雅太郎大将は更迭され、憲兵司令官と東京憲兵隊長は部下の違法行為のため停職となった。これらの処分は事件による陸軍への打撃を食い止めようとするためだったから、その後も事件内容の掲載禁止は続いた。

甘粕の軍法会議公判は一〇月九日から開かれたが、ここでも肝心の点はいっさい追及されなかった。東京憲兵隊麹町分隊長であった甘粕は、淀橋署員の助けを得て大杉の居所を突き止め、自分の指揮下にない森曹長を使って連行、殺害を行なっている。そこで、警察から依頼があったか、また上官の命令によるものか、が問題になったが、うやむやのまま否定された。当局は軍法会議の模様をでかでかと発表し、各新聞はこれを批判し皮肉ったが、どうすることもできなかった。甘粕は懲役一〇年となったが三年余りで仮出所した。そして中国に渡って偽国「満洲国」つくりに重要な役割を果たし、満洲映画会社の理事長となり「満洲国」の影の実力者として権勢をふるい、敗戦に際して自殺したことはよく知られている。

十一月一四日はまた、戒厳令廃止に関する緊急勅令、厳密にいうと、一定の地域に戒厳令中必要な条文の適用を認める緊急勅令を廃止する緊急勅令が枢密院本会議に付議された。この戒厳令の運用については議会の開会も間近に迫っていることなので、しばらく存続して議会に提出して事後承諾を求めた後廃止するのが至当ではないかとする主張も有力で対立したが、採決の結果戒厳令の廃止が承認された。

枢密院の中にも異論があったようだ。『東京日日新聞』によると、十一月一四日に戒厳令廃止に関する緊急勅令が枢密院本会議に付議されたが、それまでに各顧問官より種々の意見や質問が続出したので、本会議に先立って午前一〇時より特に相談会を開いて清浦、浜尾正副議長外各顧問官、山本首相、田中陸相他各大臣、松本法制局長官らが非公式に協議し、前内閣がご諮詢奏請の暇なく責任を持って戒厳令一部の執行を公布したが、人心も安定の緒に就いたので撤廃したいという提案説明には枢密院側からは、臨時議会の開会も近いのでそれまでこれを存続し、議会に提出して事後承諾を求めた上で廃止するのが至当ではないかなどの反対的質問が続出した。午後一時過ぎになって相談会を終わって正式会議に移り、結局多数で原案承認となった。同紙は「枢府は通過したが、議会の問題となろう」と結んでいる。

この問題は、政友会が圧倒的多数を占めている衆議院では大きな問題とならなかったが、貴族院では憲法第八条の緊急勅令は次の議会に必ず提出すべきだとする花井卓蔵議員とこれに反対する松本蒸治法制局長官とが鋭く対立した。結局採決で事後承諾と決した。しかしこれまでもめたことはこの戒厳令布告に対する批判の動きの強さを見ることが出来よう。

関東大震災後数ヶ月の間に「地震・流言・火事・暴徒」を書き、自著『地震・憲兵・火事・巡査』に収めた弁護士山崎今朝弥は、この戒厳令の衝撃を次のように書いている。

（大震災で）「ただでさえ気が荒み殺気立って困っているところへ、剣突《けんつき》鉄砲肩にしてのピカピカ軍隊に、市中を横行闊歩されたでは溜《た》まったものでない。戒厳令と聞けば人は皆ホントの戒厳と思う。ホントの戒厳令は当然戦時を想像する。切り捨て御免を観念する。当時一人でも、戒厳令中人命の保証があるなど信じたものがあっただろうか。何人といえども戒厳中は、何事も止むを得ないと諦《あきら》めたではないか。現に陛下の名においてという判決においてすら、無辜《むこ》の幼児を殺すことも、罪となるとは思えない当時の状態であった、と説明しているではないか。（中略）今になって追々行衛不明者の、身の毛も竦《よだ》つ悲惨なる末路が、漸《ようや》く分明してくるではないか。

第四七議会における虐殺批判とその結末

十二月十一日には大震災後初めての第四七臨時議会が開かれた。そこでは、関東大震災からの帝都復興問題で、後藤新平内相の大規模な復興計画に対して農村党といわれる政友会がどう縮小するかが、もっぱら論議された。

だが、一四日には和歌山県選出の田淵豊吉代議士が施政演説への質問に立って新たな論点を打ち出した。田淵は早稲田の政治科を出てベルリン大学等ドイツの諸大学に学び、無所属で自由闊達な質問をすることで知られていた。田淵はまず第二次内閣を組織した山本権兵衛首相に対して、議員の数が物を言う政党政治の時代に、挙国一致を標榜する官僚内閣を作って必要な政策を遂行するだけの自信があるのかという基本問題を最初として、次のような問題を問いかけた。第二に遷都を行なわず帝都の復興をはかるという詔勅はどんな理由で奏請したのか、第三に都市の科学的研究を深めるお考えはないのか、第四には地下鉄道の如きものを設け、立体的に都市を計画する積りはないか、第五に都市に多額の経費を向けすぎるという批判があるが、これは土地増価税で取り戻したらどうか。

田淵は、これらの基本問題を訊ねたのち、第六に、「内閣諸公が最も人道上悲しむべき大事件つまり朝鮮人殺傷問題を一言半句もこの神聖なる議会に報告せず、また神聖なるべき筈の諸君が一言半句もこの点について述べられないことに、私は非常な憤慨と悲しみをもつ。千人以上の朝鮮人が殺されたというのに、これを新聞紙上に報ずることが禁止され、これを言う者も処罰されるというのはどうしたことか．この事件には、流言蜚語に惑わされて自己防衛に出たということがあるかも知れないが、それが防衛の範囲を超えていたなら陳謝し物質的な救助をしなければ相すまぬと考える。日本人である私が、外のところでこういうことを演説するならば発言禁止を喰うに違いない。この神聖なる議場に於いて神聖なる衆議院議員として、此の事を国民に訴うるの唯一の場所であるということを諸君に知ってもらいたい。」田淵はこう問いかけて、吾々は既往の過ちを赤裸々に告白して被害者に諒承してもらい、被害者の遺族の救済の道も講じなければならぬと説いた。だが、山本首相は高遠なご意見であるが、多岐にわたるので他日お答えしたいと答弁を避けた。

田淵は、最期に、政友会は多数だから答弁する、田淵豊吉は無所属で一人である、勢力がないから答えないというようでは、内閣が多数の支持を得ていないこの議会で内閣の政策経綸を行なわせることはできない、虚心坦懐にこの議会を神聖にするようにつとめ、議会を汚さざらんことを切に祈ると述べて降壇した。

明治憲法下では、新聞紙法や出版法によって、内務大臣は新聞紙が安寧秩序又は風俗を乱すと認めた時、並びに陸海軍大臣又は外務大臣が軍事外交上必要と考えた場合にはその掲載を禁止ないし制限できるとしていた。議院内での議員の言論の自由は、第五十二条「両議院の議員は議院に於て発言したる意見及評決に付議院外に於て責を負うことなし」と一応保証されていたがそれは「但し議員自ら其の言論を演説刊行又はその他の方法を以て公布したるときは一般の法律に依り処分せらるべし」と制限されてもいた。本会議も委員会もそれぞれに速記録が刊行されていたが大震災下の戒厳令布告で適用された戒厳令第一四条には時勢に害ありと認める集会や新聞雑誌や広告の停止が含まれていた。さらに九月七日には上述の「治安維持に関する罰則に関する件」が緊急勅令でだされていた。

つづく十二月一五日の議会では、雄弁家で知られる憲政会の永井柳太郎代議士が立った。そしてまず山本首相が田淵議員の質問に答弁しないのは遺憾だと説き起こし、朝鮮人虐殺については自警団の責任ばかりが強調されるが、流言の原因となったのは、船橋無線電信所から警保局長名で朝鮮総督や各府県知事、鎮守府等にあてた電報に「東京付近の震災を利用し在留鮮人放火投弾その他の不逞手段に出でんとするものあり、既に東京府下に於いては一部の戒厳令を施行せるを以て鮮人の動静については厳重なる取締を加えられたし」というものがある。これは九月三日未明の発信となっているが、これらはいずれも九月一日または二日に東京から船橋無線電信所に送致されたもので、その責任は現内閣でなく前の内田臨時内閣にあり、電報発信の最高責任者は当時、つまり加藤（友）内閣以来の水野錬太郎内務大臣であったことは言をまたないと痛論した。現内閣攻撃と思って拍手を送った政友会代議士は、一杯喰わされた恰好となって慌てて拍手を止めた。

続いて永井代議士は折から中華民国の国務総理、外交総長を歴任した王正廷を団長とする大物調査団が来日して調査中であることにも触れ、この「中国人誤殺事件」についても中国側に協力して十分な情報を与えるべきではないかと主張した。だが山本内閣はこれにも調査中で、まだ答弁できないということで終始した。

他方、多数派の政友会では、虐殺の事実を明確にすることを避け責任を回避しようとし、政府に攻撃の矢を向けた。同党の愛媛県選出の渡辺修代議士は、甘粕事件が公にされたのは部内不統一によるものではないか、戒厳司令官の更迭は余りに苛酷ではないかと質問したが、後藤内相も田中陸相もこれを否定した。

『東京朝日新聞』は十二月一八日の社説「議会と不祥事件」で「吾人が永井氏の演説に対する遺憾は肝心な支那人問題に関しては、もっぱら抽象的議論に止まって何等具体的証拠を提供しなかった事である。その証拠としては支那新聞紙に現れた被害者自身の口述其他の調査報告がある。又若しこれに疑いがあれば、氏は何故に現場を踏査し其の証拠を蒐集し証人の自供を徴した上で、具体的材料によってその論拠を築きあげなかったのか」と論じた。

そしてそれに続けて、政府権力の下に言論の自由を奪われている新聞紙は事実の報道は固よりやや立入った議論を試みても、直ちにこれを禁止されて今日に至っている。現に山本首相は十二月十一日内閣所属の記者に対する談話でも、「九月二日の組閣以後人心困難の内にいうに言われぬ事件を惹き起こしたが、新聞紙上に我が国の国家的名誉に関するような浮説が報じられ外国に伝えられて誤解を招いたのは遺憾である」と放言し、さらに普選論者の犬養が入閣しているが、山本権兵衛はまだ普選について論じたことはないとまで妥協的な姿勢を示している。但し新聞紙は権力を擁する政府と争うだけの力を有せず、之を有するものは独り議会あるのみである。しかもその議会すらなお現状の如しであるとすれば、吾人は我国法、国権の擁護と自由正義の扶植の為に深く之を悲しまざることを得ぬ、と論じた。

この十一日の岡本一平の政治漫画では、「総理級気取りがかうズラリ並んだところが此の内閣の強味で弱味」と評して後藤新平・犬養毅、田健治郎、田中義一の順に有力閣僚を中腰で並べ、一番後の肘掛椅子に山本首相を座らせている。一番前にいるのが後藤新平であるが、その似顔絵が孫の鶴見俊輔さんとよく似ていて面白い。

絶対多数を占める政友会の攻撃は、山本内閣攻撃の先頭に立つ渡辺修議員が甘粕事件による戒厳司令官の更迭は余りに苛酷ではないか、フランスからも放逐された無政府主義者である大杉を殺したに過ぎないではないかと論じ、また永井議員が読み上げた、各地方長官宛ての電報は本当にそのとおりであるか、またそれがどんな事情で永井議員の手に入ったのか、その経緯をしめせと説明を求めたのに対して、後藤文夫警保局長は当局が積極的に出すと之を認めて発表したことになると渋った。

これと前後して、大杉のフランスへの洋行費は後藤内相から日ソ交渉に関係ある藤田勇を通じて渡されたとの噂が流れたので、後藤内相は進んで大杉との関係を述べたが、これは次章にまわそう。

だがやがて政友会の攻撃は、後藤内相が提出した大規模な帝都復興法案に向けられた。かねて政友会とこれに呼応した貴族院の研究会とが大幅な削減を行ない、政府の対応が注目されていた。政府は解散を賭けてこれに反対するか、それともこれを受け入れるかの岐路に立ったが、十二月一九日の閣議では修正意見を受け入れることを決めた。もっとも振り返ってみれば、一九一三（大正二）年に第一次山本内閣が陸海軍大臣現役制廃止を断行したときは政友会・政友倶楽部等の改革派が過半数を占めていたが、第二次内閣では保守化した政友会が絶対多数を占めていた。田淵が予言していたように、結局のところは反対する多数派に対して議会を解散して総選挙で争うのではなく、多数派に屈服して妥協する道を選んだのである。

Ⅳ　大杉栄らの「骨なし」民衆葬と「斬首陰部露出」写真

大震災四〇周年から七〇周年へ

私は三〇年前の関東大震災四〇周年の記念集会で乏しい知識で報告したこともあって、今度の七〇周年記念集会にはぜひ出席したかったが、中国の温州市にある「吉林義士王希天君記念碑」の修復再建の式に参加するためにでかけ、出席できなかった。大震災下に江東の大島町などで殺された数百人の中国人労働者の多くは温州の奥の山村の出身で、彼らのために僑日共済会を作って活動してやはり殺された王希天を偲んで、この碑が温州市に建てられた。それが、戦争末期に上陸してきた日本軍に倒されたままになっていたのだ。

大震災下の朝鮮人虐殺事件を初めとする諸事件については、この四〇周年には多くの重要な業績が公刊された。しかし在日朝鮮人の研究者を別にすると、研究を持続的に進めるよりも、一〇年ごとに研究が見直されて成果が出る傾きがあった。最近は、東京とその周辺で市民の手による虐殺事件の掘り起こし、当時急増した在日朝鮮人の状況の調査などが進められ、研究も持続的になっているようだ。この七〇周年には、これまでの研究を重ね合わせて再検討し、研究を広げる基礎が固められるよう、望んでいる。

そのうち中国人虐殺事件については、ここ一〇年ほどの間に研究が急速に進んだ。その一因は、各方面に残っていた史料が相次いで発掘されたことである。中国人虐殺事件は、植民地支配の下にあった朝鮮人の場合とちがって外交問題になるから、日本の外務省文書にも関係史料が残ってる。当時の中国の新聞も報道しているし、中国の外交文書の中にもあるはずだ。つい最近も横浜開港資料館が台湾の中央研究院近代史研究所から国民政府外交部の「日本震災惨殺華僑案」をコピーで入手した。これは帰国者の見聞と調査をもとにしたもので、殺された人名、原籍、住所、被害日時・場所、殺害方法が記載されており、同じ場所での朝鮮人虐殺事件を類推する材料にもなる。

もう一つには、中国人虐殺事件の研究は、大島町事件と王希天事件という二つの事件にほぼ集中しているので、関係者の日記、談話、記録を集め、現地の状況を調べるなど、事件を深く追って行きやすかったと言える。広い地域にわたる朝鮮人虐殺事件についても、それぞれの地域ごとの状況と特色を具体的に追究してゆくことが必要だろう。横浜と江東地区とはよく対比されるが、流言の発生と伝播が早く軍隊の出動が遅かった横浜と、流言の伝播が意外に遅く軍隊の出動が早かった江東地区とでは、虐殺事件の様相がかなりちがっている。

大杉栄らの「骨なし」葬儀と有島武郎のカンパ

一九二三（大正十二）年一二月一六日は、大杉栄・伊藤野枝のカップルと大杉の甥で七歳の少年橘宗一が東京憲兵隊構内で甘粕憲兵大尉らに殺害されて満三ヵ月経った命日にあたり、谷中斎場での葬儀が予定されていた。ところがその日の早朝遺骨を保管していた労働運動社に福岡から訪ねてきたという下鳥繁蔵が焼香のふりをして大杉らの遺骨を奪い、仲間に渡してピストルを撃ちながら逃げた。下鳥は岩田富美夫の大化会に寄食している大陸浪人だった。遺骨は探し出すこともできないので、葬儀は写真を遺骨に代えて盛んな無宗教葬として行われ、午後三時に同志の岩佐作太郎の発声で故人の万歳を三唱して幕を閉じた。

権力の側では、自己に反抗するものの息の根を止めるだけではなく、これに侮辱を加えようとしたが、かえって現代的の葬儀として行われ、大杉夫妻らへの弔意と犠牲者への親近感が示されたのである。

議会では大政党政友会の「おがへい」（小川平吉）総務が、後藤内相は無政府主義の大杉栄氏に旅費を出して共産露国との提携を策したのだろうという、共産主義と無政府主義をごっちゃにした見当違いの迷論を振りかざして後藤内相をヤジり、陣笠連も後藤内相が旅費を出したのだろうとデマをとばしていた。ところがこの日の『読売新聞』は、「大杉氏の日本脱出費は有島武郎氏の懐から」という大きな記事で社会面のトップを飾った。金主は、波多野秋子夫人と軽井沢心中をして文名とともに一代の艶名を残して逝った有島武郎氏だったと報じられたのである。生き証人となったのは有島武郎氏の親友で、大杉氏とも親しい牛込叢文閣の主人足助素一氏で、これは誰にも話さないつもりだったが、思いがけず「死んでも人気者の二人」が議会で中傷の道具に使われるのは、有島氏にとっても本意ではなかろうから発表することにした。渡したのは大杉の希望した通りの千五百円、有島氏は汽車で一度だけ逢って大杉氏に惚れた。「僕は大杉君とは立場がちがうが、ああいう器局の大きい人物を徒に日本のようなせせこましい所に置いて内輪喧嘩をさせておくのが惜しいような気がしたので、世界の大勢を見て来た方がよかろうと考えたからである」と話していたとのことだ。世間ではこの死んだ二人の方に同情が集まった。同じ紙面でアナーキストの労働運動社の村木源次郎は「金を貰う取次は僕がしました」と語っていて、有島には大杉個人だけではなくアナーキスト運動支援の意思もあったのだろうと村木は言いたいようだ。

翌十二月一七日には政友会による後藤内相に対する攻撃が始まった。政友会の宮古啓三郎議員は、私は甘粕事件の弁護人のひとりでもあるので知っているが、甘粕大尉は、大震災後に社会主義者は多く検束されたのに、無政府主義の巨頭大杉栄が検束されないことが大杉を殺害した原因になっていると法廷で述べており、また後藤内相が大杉を援助しているため警視庁も検束できなかったという噂もある、私は後藤子爵が無政府主義者を援助しているとは信じないが、この機会にそうした国民の疑惑を解かれる方が後藤子爵のためにも国民のためにもなるであろうと、説明を求めた。これと前後して大杉のフランスへの洋行費は後藤内相から日ソ交渉に関係ある藤田勇を通じて渡されたとの噂がながれていた。

後藤内相は、甘粕のことは関係がないのでなにも述べないできたが、折角よい機会を与えられたからと述べたあと「大杉という人には私は二回会いました。その当時金を五百円やったことがありますが、その後に於いては何等私と関係はない。……五百円やったのはどういう意思でやったかというと、彼窮すれば乱するでありますから、相当に翻訳なり何なりを頼んでやろうという意の下に歴代の内務大臣がやっておったことである」と。そして大杉の洋行費を後藤内相が出したという噂は昨日の『読売新聞』にも書かれているように誤りだと否定した。

そして大杉を検束しなかった理由については警保局長(岡田忠彦―今井註)にも警視総監(湯浅倉平―同上)にも聞いたが、「大体に於いて彼を検束せざる方が、色々の事情を知るに宜しい、それで検束しなかった、何ら他に理由はないということを警保局長から承る次第であります」と答えた。

亀戸の「斬首陰部露出」写真と横山代議士・平沼法相の問答

山崎今朝弥は、亀戸事件については十二月に書いた平沼騏一郎司法大臣への公開状をのせている。そこには「一昨十五日、文壇関係諸氏の、平沢計七君追悼会で、その思い出を新たにした処へ、昨夜は筆にするを忍びない残虐を極めた平沢君等の惨殺死体、首と胴との実物写真を見せられ、今日はまた議会における貴下の、期待に反した答弁を読まされ」、これを思い立ったとある。この写真のことは、今なお問題にされている。一九八四年九月に『フォーカス』が亀戸事件の現場と題して裸にされた男の斬首写真を掲載し、当時東京市社会局勤務の平竹辰が撮影・秘蔵し、戦後に岩田英一に贈ったものだと解説した。この写真はすでに志賀義雄の著書にのせられて、拙著を初め多くの本に転載されたものだ。ただその撮影者と発表経路が明らかにされたのは初めてである。これに対して『サンケイ新聞』ならびにその記者石川水穂「フォーカス『斬首写真』誤用事件」(『文芸春秋』一九八四年一二月号)は、この写真は一九二八年の中国国民政府の馬賊の処刑場面で、誤用だと非難し、この写真をのせた本は歴史の改竄だと攻撃した。山崎の文章は、無視している。

『サンケイ新聞』の写真誤用批判は、『フォーカス』の記事を見た旧海軍水兵が提供した三枚の写真を根拠にしている。昭和九年に青島で買った三枚のうちの一枚は『フォーカス』の写真とそっくりで、写真右下に「馬賊の惨殺」というタイトルが付いている。別の一枚には中国人と思われる二人の首が柱にくくりつけられ、柱には中華民国一七年(昭和三年)一月九日付の「処刑した土匪二人の首」という膠東防守司令部の布告が貼られている。三枚目には惨殺死体を見物する人たちが写っている。

ところが山崎の文章の裏にある事実を確かめると、実に明確な史料が出てくる。一九八六年に臨川書店から復刻された『帝国議会衆議院委員会議録・38』を見ると、一二月一六日の第四七回議会の衆議院予算委員会で、東京市選出の横山勝太郎委員は、平沼法相が出席するのを待って、保留していた質問をおこなっている。「私の此処に持って居ります写真に依りますと、人間の首は悉く斬ってあります。一人は平沢計七なりと見做すべき人であります、その他の一人は一寸不明であります……悉く人の頭を斬り、悉く裸体に致して、悉く陰部を露出致して、屍体に対してあらゆる侮辱の行為を加えてあると云う事柄が此写真に依って明瞭致して居ります。尤も此写真は私自身と致しては現状に行ったのではありませぬからして、絶対に是が平沢計七外八人の者に適当して居るということの保證は致し兼ますが、之を私に贈与致したる人は相当信頼すべき人であります、現状の有様は全く此通りであったという事柄を私に対して保證して居ります」。横山はこう述べたあと、お手元に提出した二葉の写真に一瞥を賜りたいと平沼法相の感想を問い、事件を公明正大に公表して国民の疑惑を解き法治国の実をあげるように希望した。これに対する平沼法相の答弁は「是は能く見ましてございますが、斯の如き凌辱の行為を軍隊なり警察なりが加えたと云うことは、自分は認めて居りませぬ」というものであった。

山崎はその晩にこの写真を見せられ、翌朝の新聞で平沼の答弁を読んだということになる。『都新聞』を見ると、平沢氏追悼会は一五日午後五時から山崎弁護士方で、生前知己であった中村吉蔵、菊池寛、小牧近江、賀川豊彦、白柳秀湖、鈴木文治、松岡駒吉、加藤勘十、小川未明、布施辰治、藤井真澄、沖野岩三郎、新井紀一らの友人知己と遺族とが集まり、遺稿の出版を決めたあと氏の逸話を語り合ったが、門前には数名の私服が目を光らしていた、とある。一六日の横山代議士の質問については、亀戸の労働者刺殺事件で当局者の執った措置を攻撃し、「彼らの死体の始末をいかにせしや」とて惨死者の写真を示したと報じている。そして、平沼法相が軍部当局の調査を信用していると答えると、横山はさらに「只今お手許に提示したる同胞鮮人の刺殺写真を見て司法当局はいかなる処置に出づるか」と迫ったとし、平沼の「写真はよく見ました」という答弁ものせている。

委員会議録での写真説明を見ると、問題の写真が、横山が提出した写真と同じものであることがはっきりする。それが平沢らの写真かどうかについてはまだ問題がないわけではないが、平竹の言のように亀戸付近で撮ったものであることは確かであろう。この写真は新聞などに発表されればもちろん発禁物で、新聞も委員会議録ほどに詳しい説明は載せていない。横山代議士が目に浮かぶような詳しい説明を付して写真を提示したのは、こうして発禁される事態に備えたことにもなる。これに平沼法相が見たと答弁し、それが委員会議録にのったことで、この写真は一種の市民権を得たとも考えられる。鈴木茂三郎もそのガラスの乾板を秘蔵していたが、いつの間にかなくしてしまって残念だと自伝『ある社会主義者の半生』（一九五八年、文芸春秋新社）に書いているが、これが限られた人びとの間で流布した可能性もある。弁護士である横山の弁論ぶりはさすがで、はるか後の歴史研究にも寄与している。

『サンケイ新聞』は『フォーカス』の写真が昭和九年に青島で買われた写真と同じだと

いうが、山崎今朝弥、横山代議士の行動から明らかなように、あの写真は一九二三年当時に間違いなく存在していた。その点については『フォーカス』の写真が「匪賊の惨殺」写真と同一だとすれば、むしろ「匪賊の惨殺」写真こそ亀戸事件の写真を転用したものだと考えられる。

『偕行社記事』と小樽高商軍事教練事件

官憲の主導で行われた朝鮮人虐殺を初め一連の虐殺事件に対しては、ここにあげたほかにも吉野作造らが真相を究明してその責任を明らかにしようとする動きを示した。しかしそれらは抑え込まれて、国民的な規模で事件を批判することはついに行われなかった。その結果、日本人は全体としてはこれらの事件の上に居なおり、秩序を乱そうとする「不逞者」や同調者が問題だとして、いざという場合にはこれを排除しようとする姿勢を強めてゆく。これにお墨付きを与えたのが、「浮華放縦を斥け…軽佻詭激を矯め」と思想統制をめざした国民精神作興の詔書（一九二三・十一・一〇）である。

震災二年後の一九二五年一〇月には、小樽地方に地震が起こり、混乱に乗じて無政府主義者の扇動で「不逞鮮人」が暴動をおこしたという配属将校の想定から小樽高商軍事教練事件がおこる。これを契機に全国的に軍事教練反対の学生運動が盛り上がり、治安維持法が初適用される。

実はその一年前、陸軍将校団の機関誌というべき『偕行社記事』の一九二四年一〇月号にそのモデルがのっている。陸軍歩兵大尉都地荒城「警備演習を全国的に施行して国民精神特に尚武思想を鼓舞作興するの急務に就て」で、関東大震災を記念して毎年官公庁・軍隊・在郷軍人会・学校・青年団等を動員して各地で警備演習を行い、最後に国民精神作興詔書を読みあげて挙国一致を図り、その機に「不良主義者の陰謀」も発覚させようという趣旨である。その想定例には、貿易港で人口二〇万の「〇〇市に敵飛行機襲来し……大混乱を惹起しつつあり。不逞〇〇は之に策応し其の勢猖獗を極む。今や同市は戒厳令を施行せらる」とある。筆者は久留米師団大村旅団の所属、〇〇市とは長崎市のことである。隣接する大村海軍航空隊基地は日中戦争のとき最初の上海渡洋爆撃の基地になった。舞台を北海道の小樽市に移すと、問題の事件の想定となる。これは単に一配属将校の考えではなく、陸軍の公認と見ることができる。

本音をちらつかせてみせるという点でこの文章と対をなすものに、憲兵の機関誌にあたる『軍事警察雑誌』一九二四年一月号に載った野村昌靖作の琵琶歌「甘粕大尉」がある。「甘粕」は「大過夫妻」を殺して自決を図ったが、同志から「博士阿久森始めとし、残党どもの根を絶やし、その後死なんも遅からじ」といさめられ、犯跡をくらましたという筋書きで、「悪森」ともじられた吉野作造が「悪者扱いさるる私」を書いている。大杉の殺害を実際に見せつける中でのおどしで気味が悪かったろう。

V　震災下虐殺事件の国内的国際的背景

山崎今朝弥の『地震・憲兵・火事・巡査』

今年の九月一日は関東大震災の八〇周年である。震災下の虐殺事件も八〇周年を迎える。北朝鮮の脅威が宣伝され、国民の危機感と敵意が煽られ、朝鮮学校の生徒らへのいじめも起こっている時期だけに、身の引き締まる思いがする。この講演では、当時の虐殺事件の背景となった内外の動向を取り上げ、これを検討する。

関東大震災下の虐殺事件を最初に取り上げて問題にしたのは、弁護士の山崎今朝弥がその年のうちに書き始めて翌年出した『地震・憲兵・火事・巡査』である。今は岩波文庫に入っている。これは、朝鮮人が地震を好機に一斉に蜂起し、社会主義者がこれを扇動したという流言飛語によって、戒厳令が布かれ、軍隊が出動し、自警団が作られ、暴徒も武器を取り、「朝鮮人の大虐殺となり、支那人の中虐殺となり、半米人の小虐殺となり、労働運動者、無政府主義者及び日本人の虐殺となった」と虐殺の事実をあげ、その究明につとめている。

中国人虐殺事件については「支那人の中虐殺」とだけ書いているが、大島町事件を調査して外務大臣にも建白した小村俊三郎らに実情を語った目撃者の木戸四郎は、亀戸警察署長の質問に答えて一切を弁護士山崎今朝弥に面会して通報したと語っている。山崎は大島町事件のこともよく知っており、それをこの一語で示そうとしたのだろう。

これらの事件を時間の順序で説明すると、朝鮮人暴動の流言飛語は九月二日に広がり、同時に朝鮮人虐殺事件が始まり、数日間にわたって荒れ狂う。三日には江東の大島町で中国人労働者集団虐殺事件が起こるが、中国人は横浜でも多数殺害されている。五日未明には平沢計七と南葛労働会の労働者ら一〇名が殺された亀戸事件が起こる。ついで中国人労働者の共済活動に当たっていた王希天が大島町を訪ねて習志野廠舎への「支鮮人」の輸送事務に協力していたが、一二日に殺害される。一六日には無政府主義者の大杉栄と伊藤野枝のペアと大杉の甥で七歳の橘宗一とが憲兵隊に連行され、甘粕大尉らに三人とも殺害される。「半米人」とは、日本籍と米国籍とを持っていた宗一少年のことだ。山崎は、当時もその後もあまり取り上げられることのない中国人虐殺事件にも論及しているが、王希天事件を区別しては取り上げていない。

この本は、流言蜚語の震源地について横浜説、亀戸説、軍閥説、富豪説、前内閣ないし前内閣残党説、警視庁説、社会主義者説、国粋革命家説、それに横浜説の延長の山口正憲説と横浜某警察署長説をあげている。そして流言の震源の決め手はないとしながらも、戒厳令発布、流言の宣伝、虐殺とその善後措置までをにらんで、それぞれの行動ぶりを評している。このくらいの幅で考えると、諸説それぞれに意義がある。

戒厳令の施行に重点を置いて考えると、私は前内閣残党説を重視する。震災直前に加藤友三郎首相が死去し、臨時首相となった内田康哉外相、朝鮮独立運動の鎮圧にあたった水野錬太郎内相、赤池濃警視総監らは、加藤内閣の延長内閣を作ろうと画策していた。ところが山本権兵衛元首相が組閣を命じられ、彼らが反対したソ連のヨッフェ訪日を実現させた後藤新平が治安をにぎる内相に充てられた。内閣の引きつぎより先に戒厳令を出して軍に首都の行政権をにぎらせてしまおうと考えたとしても、不思議ではない。

九月二日、非常徴発令と戒厳令施行勅令との二つの緊急勅令が「枢密顧問の諮詢を経て」という要件を満たさずに出されている。『東京震災録』前輯（東京市役所編、一九二六年）によると、当面戒厳司令官の職務を命じられた東京衛戍司令官が戒厳令に基づく最初の訓令と告諭を出したのは午後四時、第一師団が戒厳令を各隊に伝達したのは午後六時三〇分である。王希天事件を明らかにするきっかけになった野戦重砲兵第一連隊の兵士久保野茂次の日記は、九月二日午前二時ごろようやく初出動し、翌三日午前一時ごろにまた出動したとその状況を詳しく書き残し、九月二日の欄外に「戒厳令布告さる」と書いている。だが日記の内容から見て、欄外の書き込みは後日のもので、戒厳令の布告を知って行動したのは二度目の出動からだというのが、私の判断である。

山崎は、軍閥説については、流言の組織的系統的な宣伝がその証拠で、軍閥は失墜した信用と威光を回復するため軍略的に仮想敵国を設けてこれを未発に防いで民心を収攬しようとしたが、薬が利きすぎたので、社会主義者の扇動が原因だと流言の方向を転換した、と評している。『流言』（一九二四年）をいち早く出した土田杏村も、流言は政府の発した無線電信に原因があり、「なおその不逞鮮人の暴動の背後に社会主義者の運動があるとした流言の流布者もまた実は当局者自身であった」としている。この新たな方針は九月五日の臨時震災救護事務局警備部の協定で決定されるが、石光真臣第一師団長は早くも三日に同様の方針を訓示している。石光はシベリア出兵当時の憲兵司令官で、シベリア諜報記『誰のために』等で知られる石光真清の弟である。

国粋革命家説との関係も出てくる。石光は早稲田大学軍事研究団の結成にも関わり、軍事研究団反対の学生大会になぐりこんだ縦横倶楽部の森伝とも知り合いである。『二・二六事件秘録』（一九七一年、小学館）は同事件の憲兵調書や軍法会議の公判状況などの極秘史料を集めた全四巻の大冊だが、この厖大な史料は意外なことに、森が憲兵に運ばせて筆写したり原本を入手したりして秘蔵していたもので、憲兵との深い関係を示している。ところでその解説の中に「朝鮮人の暴行及び社会主義者の活動状況」縦横倶楽部調査部という長大な文書の一部が引用され、それだけで七ページもある。これはさきの方針にそって調査作成された文書で、『現代史資料（6）関東大震災と朝鮮人』（姜徳相・琴秉洞編、一九六三年、みすず書房）に収められている黒竜会主幹内田良平「震災前後の経綸に就て—社会主義者不逞鮮人凶行の一班」と並ぶものである。森は大杉栄らを殺害した甘粕大尉の減刑運動もおこなっている。

山崎今朝弥は、労働者の解放運動にたいへん尽力した人物である。明治大学の前身の明治法律学校を卒業し、判検事登用試験と弁護士試験とに合格し、甲府区裁判所の検事代理になるが、官僚は性に合わず自力でアメリカに行き、社会主義者と交流し、「米国伯爵」の肩書の名刺を持って帰国した。平民の国の米国に伯爵なんかあるはずがない（笑）。これが山崎今朝弥のニックネームになった。その後は弁護士として、平民法律所を作り、平民大学で『平民法律』を出すなど、民衆の権利を護るために活発な活動を行う。きびしい弾圧のなか、一九二〇年一二月に自由主義者や無政府主義者も含めた日本社会主義同盟を結成するが、やがて解散を命じられる。彼は一貫して統一戦線の結成を図り、亀戸事件で殺された平沢計七も、同じ立場で山崎に協力していた。

彼が出た明治大学や専修大学のように早い時期に設立された私立大学の多くは法律学が専門で、そこを出て有名な弁護士になった人が少なくない。専修大学は経済学も重視し、早くから法律科と経済科をおいていた。戦災の焼け跡から再出発した戦後初代の総長は、法律科卒業の人権派弁護士、今村力三郎である。この人は、関東大震災の後に、当時摂政だった昭和天皇を狙撃した虎ノ門事件を起こした難波大助の弁護人で、『芻言』という本を書いている。これは草刈り人、即ち身分のない者の言葉という意味だが、幸徳秋水と難波大助の弁護人として体験した社会批判を載せている。昨日の会場には徹堂と号した今村の書の額が飾られていた。会場を提供してくださった専修大学も、こうした人物を総長として戦後の再出発をしたことを覚えておいて下さい。

真相を隠すための弁明、アリバイ工作

関東大震災下で起こったこれらの虐殺事件はすべて申し開きの立たないものだから、日

本の当局は一貫して事実の隠蔽を図る。だが、それぞれの事件への対応は微妙に異なっている。

流言飛語が日本中に広げられ、多数の朝鮮人が日本人の手で虐殺され、誤って殺された日本人も少なくないという事実は、広く知れ渡っていてどうにも隠せない。それで当局はこれはあくまでも震災の中で混乱し血迷った自警団の責任であって、軍隊、警察など官憲の側には責任はないという態度をとった。これに対して自警団の側からは、警察、軍隊の責任を追及する声が上がったので、自警団などの責任も結局はうやむやにされた。

亀戸事件のように労働運動家などが殺害された場合には、戒厳令の下での法規と状況に基くもので、違法ではないとして押し切られた。ただ大杉事件のように七歳の少年までが殺されたのではごまかす余地はなく、ともかく軍法会議にかけられたが、審理の内容は茶番劇と評される程度のものであった。

中国人の虐殺は、国際的な反響をおそれて徹底的に隠蔽された。だがこれも全くないとは言い切れないので、震災の混乱の中で中国人が殺害されたかもしれず、それは遺憾であるが、日本政府の直接の責任ではないとしたのである。軍隊や警察と一緒にいたことが知られている王希天の場合にも、軍隊で釈放したが、その後行方不明になったのだ、と弁明している。

警視庁編の『大正大震火災誌』を見ると、「第五章治安保持」のところで、大震災によって恐怖に襲われた民衆が、朝鮮人暴動などの流言で群集に転化し、自警団を組織し、朝鮮人に「猛烈なる迫害を加え、勢いの激するところ終に同胞を殺傷し、軍隊警察に反抗するの惨劇を生じ」たと記し、流言と警察の取った流言防止策ならびに「朝鮮人保護」の対策を述べているが、殺害された朝鮮人についてはふれていない。中国人虐殺のことはまったく出ておらず、「第五節要視察人」に対する措置で、第一　亀戸事件、第二　支那人王希天の行方不明事件、第三　甘粕事件と列挙し、「第七節　外事関係」の中で支那人の保護並びに帰国者に対する措置を述べるに止まっている。これらはいずれも真相を明らかにするものではなくて、あったことは認めるが真相を覆い隠すための弁明、アリバイ作りにすぎない。

私はいま仁木ふみ子さんが収集した『震災下の中国人虐殺事件資料集』の編纂を手伝っているが、中国人虐殺事件はこれらの虐殺事件のなかで特異な位置を占めている。中国人虐殺事件は国際的な反響を怖れて日本政府は極秘の立場を貫くが、外交交渉の必要から関係文書はひそかに保存していたのである。しかも、隠すより顕わるはなしで、事件そのものものもおのずと明らかになっている。

震災直後の一〇月に自由法曹団は亀戸事件の真相を究明するために関係者の聞き取り調

査をして「亀戸労働者殺害事件調書」を作成する。すると当時やはり統一戦線を目指して活動していた小牧近江らの種蒔き社の『種蒔く人』が、この問題を取り上げて特集号「種蒔き雑記―亀戸の殉難者を哀悼するために―第一冊」を刊行し、編集発行人である劇作家の金子洋文がこの調書をわかりやすく書き直して載せた。調書の最初にある八島京一の陳述をまとめたのが、よく引用される「平沢君の靴」である（Ⅱ章六ページ参照）。ここには大島町事件の現場が出てくる。つまり朝鮮人と中国人の数百人の死体のことが出てくる。だがこの文章は、その中にいたかもしれない平沢計七ら亀戸事件の人のことしか、問題にしていない。

朝鮮人の虐殺死体がまだあちこちにあった時期に、ここの数百人の死体を急いで焼くというのには特別な理由があったのではないか。その中に中国人が含まれていたのではないか。こういう疑問が出てくる。この文章では、焼いた死骸と山に積んだ死体との関係がはっきりしない。焼いた死骸と積まれた死体とを足すと五〇〇人ぐらいになるが、「三二〇人を焼くので」というのは、焼く準備として山に積んだと考えるというのが仁木説である。それでも虐殺された朝鮮人の調査で、一カ所でこれほど沢山殺されたところは東京にはない。一五〇人ぐらいが一番多いであろう。ただ横浜の場合には青木橋の鉄橋、東京の方から行って横浜駅のすぐ手前の陸橋のところで五〇〇人も殺されたという調べがある。近くに軍隊がいて、交通の便もいいところなので、この地域一帯の死体がここに集められたのではないかとも考えられる。これは特別な例だ。

中国人虐殺事件については長い間、これは誤殺だ、朝鮮人と間違えられて殺されたのだ、と言われてきた。誤殺ではないのだという研究が始まったのは大震災五〇周年にあたる一九七三年くらいからである。数百人の中国人がまとまって殺害されていることも、その有力な根拠になる。

この事件の研究では、まず当時の中国の新聞報道、つまり日本から帰国した関係者の談話や殺傷された人名などが史料になった。続いて当時の日本政府が外交問題化するのに備えて極秘に作った資料が発見され、決定的な史料になった。朝鮮人虐殺事件、さらには日本人の虐殺事件についても、日本の当局は決定的な資料を初めから作っておらず、まったく残っていない。最近出た『関東大震災政府陸海軍関係史料』は、当時の政府陸海軍の公式文書をかなり徹底的に集めた貴重な資料集だが、これらの史料のほとんどは、真相をごまかす言い訳のための、アリバイ作りのための史料である。そこに記されている虐殺事件は、すでに新聞などで報道されていて、とても隠すことができないので、政府に都合のいいように歪めて調書にしたようなものがほとんどだ。

それに対して、中国人虐殺に関する資料は、極秘にされた代わりに確実で正確な史料が集まっていると考えられる。私はまず、米国が占領時代に作った『日本外務省マイクロフィルム』で、この大島町事件とそれに関連する王希天事件を見つけ、これを調べていた。そこに、事件当時亀戸に出動して、王希天と知り合い、王が殺害されたのに憤激した兵士の日記がたまたま発表され、一挙に中国人虐殺事件の研究が進んだ。少し後に中国でこの問題の研究を始めた仁木ふみ子さんが、事件の現場に居を移し、外務省の外交資料館に通ってたくさんの資料を集め徹底的に調査した。仁木さんは資料の分量があまり多いので今日の出版事情のもとでは刊行が出来ないと諦めていたが、当時の村山首相のもとに始まった日中歴史研究センターからの出版助成金を得て、刊行にこぎつけることができた。

日中労働者の仕事の奪い合い

この事件の背景を考えてみよう。これまでの研究の流れを見ると、朝鮮人虐殺事件については政治的な理由が強調され、中国人虐殺事件についてはむしろ経済的な理由があげられている。

すなわち前者では、日本は韓国の独立を奪って殖民地としたのに反対して一九一九年には独立を求める三一運動が全土に広がり、これが武力鎮圧されると武力反抗も起こった。

こうした情勢のなかで日本人は朝鮮人に対する恐怖心と警戒心を強めており、それが朝鮮人虐殺事件の一つの引金になったというものである。後者は、一九二〇年の戦後恐慌以来日本人の労働者も失業の危機にさらされていたが、そうした中で低賃金の筋肉労働者である中国人が大量に流入して競争相手となったことが、日本人労働者や労働ブローカーの反感を高め、それが中国人虐殺事件の引金になったというものである。これに生活条件の劣悪な在日外国人のあいだに犯罪事件が多く、日本人の不安や警戒心を高めたという社会的な理由が強調されることもある。しかし、一見そう思われるが、実際にはそうではない、賭博はわりと多いが、他の犯罪は少ないという調査がある。（神戸市役所社会課昭和二年九月「在神半島民族の現状」朴慶植編『在日朝鮮人関係資料集成』第一巻一九七五年六六八頁）

しかしこれらの理由はどちらがどうというのではなく、両者ともこれらの理由を併せ持っていたと思われる。

中国との政治的な関係について見ると、震災の前年の夏に中国で関東州租借地回収運動が起こり、震災の年の三月には中国政府が二十一ヵ条条約の廃棄通告をしてきた、と年表にある。（二十一ヵ条条約の柱である関東州租借地のことを中国では旅大と呼んでいる。）

この問題を的確に位置付けるには、日本の中国侵食の歴史を通観する必要がである。日清戦争で日本が清国に遼東半島の割譲を認めさせると、ロシア、ドイツ、フランスの三国が干渉して日本にこれを放棄させるが、続いて列強の中国での勢力範囲獲得競争が始まる。まずロシアは清国にシベリア鉄道に連絡する東清鉄道の敷設を認めさせ、ついでドイツが山東省の膠州湾の九九年間の租借を認めさせると、ロシアはさらに東三省の入口を扼する旅順大連地域の期限二五年の租借とハルピンから大連にいたる東清鉄道南部線の敷設を認めさせ、自国の勢力範囲とする。

その後、日露戦争で日本はロシアを破ると、南満州のロシアの利権を譲りうけて、清国との北京会議でこれを承認させ、さらに利権の拡大を高圧的に要求する。日露戦争中、清国は内々に日本を支援する好意的な態度を示してきたが、それが一変する。さらに日本は利権の期限がわりと短いので、折あらばこれを延長しようとたくらんでいた。

第一次世界大戦の勃発はまさに好機の到来であった。日本は日英同盟のよしみを理由にドイツへ宣戦し、ドイツの租借地や鉄道利権のある山東省に出兵し、膠州湾一帯を占領する。すでに清国に代わって、中華民国が成立していたが、日本は悪名高い二十一ヵ条要求を袁世凱大総統に突きつけ、最後通牒で脅して承諾させる。中心的な要求は、山東のドイツ権益の譲り受けと、満州の利権の拡大、とりわけ期限延長であった。その結果、一九二三年に期限が到来する旅順大連(関東州)の租借権も、一九三九年には清国が買戻し権をもつ南満州鉄道(満鉄)ならびにその支線の安奉線の経営権も、いずれも九九年と大幅に延長された。これに対して嵐のように排日運動が巻き起こった。

第一次大戦が長期化すると、欧州列強が苦境に陥ったのに乗じて、陸軍大将寺内正毅の内閣は中国の内戦を利用して、軍閥段祺瑞の北方政権に巨額の借款を与えて、日本の言いなりになる傀儡政権にしようと画策する。おりから一九一七年一一月にロシア革命が起こり、ソビエト政権は全交戦国に即時公正な講和を呼びかけ、翌一八年三月にドイツと単独講和する。日本は、この機に日中共同防敵軍事協定を秘密裏に結び、「共同防敵」のため日本軍が中国領内で行動し、中国の軍官がこれに協力することを認めさせる。日本がロシア革命に干渉するシベリア出兵の準備であるが、同時に中国を軍事的に支配する道を開くものだった。これを察知した中国人留学生たちは、五月に軍事密約反対運動を起こし、中国に大挙帰国して反対を呼びかけた。留学生の王希天はこの運動に参加して日本の警察に検挙され、釈放後に帰国して、北京を初め各地で集会や請願デモを組織する。寺内内閣は七月にシベリア出兵を行なうが、そのとき米騒動が日本全国に広がって政権をゆさぶり、九月に原敬の政友会内閣が成立した。十一月には第一次大戦が連合国側の勝利で終わった。

一九一九年一月にはパリ講和会議が開かれるが、中国でも段の北方政権の勢力が弱まり、全権代表は南北両政府から選ばれた。会議では日本全権は山東省のドイツ権益をまず日本が獲得し、これを日本から中国に引き渡すことを主張するが、中国全権は中国への直接返還を主張し、紛糾した末に日本の要求が通る。中国ではこれに憤激する五四運動が全国的に広がり、段政権も講和条約への調印を拒否した。この運動にも王希天は日本で参加し、警視庁に目を付けられ、要視察人とされた。

一九二一年一一月にワシントン会議が開かれ、海軍軍縮とならんでアジア・太平洋問題が協議される。この直前に原首相が暗殺されたが、日本のアジア政策はすべて行き詰まっていた。中国では内戦状態が続くが、日本とつながる段一派は北京政権から追われ、東三省を地盤とする張作霖が日本の援助を求めていた。シベリアではアメリカ軍の撤退後も日本軍は駐兵を続けていたが、ニコライェフスカヤ（尼港）の日本軍がパルチザンに包囲され、居留民とともに殺害される尼港事件が起こるなど、苦境にあった。会議では、中国に関する九カ国条約が結ばれ、アメリカの主張する中国の主権独立の尊重と中国での機会均等を約束されたが、中国が要求する不平等条約の改正と条約で定めた各国の特殊権利の廃止は拒否された。日本が条約によらずに中国各地に派遣した軍隊は撤退させられるが、関東州租借地や満鉄経営などはそのまま維持された。

一九二二年に日本軍はシベリアから撤兵したが、その際に日本軍が張作霖に対して、禁止を申し合わせた武器援助を行なっていることが内政干渉だとして問題にされる。その夏には中国で旅順大連（関東州租借地）回収運動が高まった。そして一九二三年三月に中国は最後通牒で押し付けられた二十一ヵ条条約が無効であるとし、そうすれば帝政ロシアと租借条約を結んだ一八九八年三月二七日の二五年後で期限終了となるとして旅順大連租借地の返還を要求してきたのである。日本政府が直ちに拒絶を回答すると、中国各地では排日運動が起こり、日貨ボイコットも行なわれる。

これまで中国からの撤兵を重ねてきたのに加えて、満州権益の返還が問題にされると、日本国内は反発した。満州の権益は日本が日露戦争で血を流して戦い取ったもので、統一もできず力もない中国が返還を要求するのは生意気だという、中国人蔑視と結びついた中国への反感も広がった。枢密院や貴族院などの保守勢力は、政府の外交は軟弱外交だと、対外政策の一新を要求していた。中国の国権回復の要求に反発し、中国人蔑視と結びついた庶民レベルの反感が、中国人虐殺事件の背景にあると考えられる。

朝鮮については十数年前に日本が独立を奪った朝鮮人への差別と、その報復に対する恐怖感とが、虐殺事件の背景にあることは、改めていうまでもない。中国の五四運動の直前に、朝鮮で三一運動が起こるが、これは力ではなく理をもって日本に独立を要求する運動で、日本の朝鮮支配が中国の反感を呼び起こし、アジア全局の危機を招くと訴えた。この運動を最初の政党内閣である原内閣が厳しく鎮圧すると、武装闘争へと移行する。原内閣は、陸軍がにぎっていた朝鮮総督府を改革して、後に二・二六事件で殺される海軍大将の斎藤実を朝鮮総督に任命する。斎藤は政務総監の水野錬太郎と一九一九年九月二日にソウルに赴任し、南大門で爆弾の洗礼をうけるが、二人とも無事だった。この水野は、四年後の関東大震災当時の内務大臣で、警務局長だった赤池濃が警視総監になっていて、戒厳令布告の当事者となる。

日本が出兵中のシベリアでも、朝鮮人の独立運動が高まる。日本軍は見さかいなく武力鎮圧に乗り出して、世界の批判を浴びる。そこで起こったのが、一九二〇年冬の渾春事件とも間島事件ともいわれる事件である。朝鮮の北東部とソ連とが境を接している中国領の間島地方にある渾春の日本領事館が馬賊によって襲撃されて全焼し、死傷者も出た。日本では、ロシアの過激派と結んだ「不逞鮮人」が馬賊と結託して日本領事館を襲撃した残虐事件だとして、「第二の尼港事件」と報道され、不逞鮮人・馬賊・ロシア過激派の結託というイメージを国民に植え付けた。そして東三省巡閲使の張作霖に迫って共同討伐を行なわせる。さらにシベリアから引き揚げ途上の第一四師団——これは尼港事件で犠牲者をだした師団——の一個旅団を上陸させて、示威運動をさせ、朝鮮人の独立運動を鎮圧し、教会や学校、さらに村落をその拠点だとして焼き払い、多数の住民が殺害される。中国でも反日運動が盛り上がり、諸外国からも問題にされた。

この事件は、馬賊による日本領事館襲撃、および、それを利用した日本軍の朝鮮独立運動の武力鎮圧という二つの事件で成り立っている。当時の日本ではもっぱら前者に光が当てられ、ソ連の革命派と結んだ「不逞鮮人」——日本に反抗して独立運動を続ける朝鮮人が馬賊と結託して残虐事件を起こしたのだと宣伝された。後者の方が重要だと考えられるようになるのは、戦後も一九七〇年代の後半になってからのようだ（『「不逞鮮人・馬賊・ロシア過激派の来襲」とは何だったのか—」（今井編『日本近代史の虚像と実像二』大月書店、一九九〇年）。

関東大震災の際には、第一四師団（宇都宮）参謀長の井染禄朗大佐が「今回の不逞鮮人の不逞行為の裏には、社会主義者とロシアの過激派が大なる関係を有するようである」と述べ、神戸付近のロシア過激派の購買組合を通じて上海方面とも連絡をとっているなどの談話を『下野新聞』九月七日に載せている。彼はロシア駐在武官やシベリア出兵当時の特務機関長などを務めた軍人である。（今井編『日本の百年　五　震災にゆらぐ』一九六二年、八〇頁～）

この時期、ロシア革命の流れを引くコミンテルンの影響が東アジアにも及び、日本の社会主義者にも働きかけがあった。労働運動、農民運動、学生運動などが活発化しはじめる。政府は一九二三年初頭、過激社会運動取締法案を議会に提出するが、労働団体や社会主義団体は反対運動を起こし、『労働週報』によった山崎今朝弥と平沢計七は統一行動を働きかけて実現させた。こうしたなかで、六月には第一次共産党検挙が行なわれ、政府は共産主義の恐怖を大々的に宣伝する。

この時期、日本に流入する朝鮮人労働者や中国人労働者が急増していた。第一次大戦後に日本経済が発展し、日本人労働者の賃金が上昇したことがその背景にあった。この時期の労働関係の変化については、別に考えてみよう。

朝鮮では三一運動後に朝鮮人旅行取締の件が政令でだされ、旅行証明書の提示が必要とされましたが、日本への移住が増え、一九二二年一二月にこれが廃止されると、さらに移住者が急増する。朝鮮人のもっとも多い大阪府では、年末の在住朝鮮人数が一九一七年に七六二人から二一三五人になり、二一年に七四二一人に急増し、さらに二二年が一万三三三七人、二三年が二万三六三五人に増加している。(大阪市社会部調査課大正一三年「朝鮮人労働者問題」前掲『資料集成』第一巻三九九頁)。

中国人も一九二一年ごろから急増する。内務省警保局調の内地在留外国人一覧表の中国人の数は、一九二〇年末が一万二二九四人、二〇年末が一万四二五八人と一時滞在一八六六人、二二年末が一万六九三二人と二七四九人と増加する。『外事警察報』の「支那人入国禁止者調」では一九二一年に一挙に一〇二名に増え、二二年二三九名、二三年は五八四名、二四年は四月までで五五四名と、震災直前の時期に急増している。亀戸署管内の中国人数は、二一年八月末の三七〇名が二二年一一月一五日には六八九名に達したという『外事警察報』一九二三年二月の記事もある。そして「元来支那人は邦人に比し労銀低廉に甘んじ激務に服するの性格を有するため」雇用を歓迎する傾向があるが、邦人労働者は不況の結果失業者が増大しているので、両者の間の競争軋轢が強まることは明白である、「既に横浜地方に於いて争闘を演出し、また深川富川町居住邦人労働者間には支那労働者の排斥を決議したることもあり、日支の国交にも重大なる影響を及ぼすの虞あり」（警保局外事課議会関係参考資料、大正一二年一二月調）と指摘されている。

さきの「朝鮮人労働者問題」（大阪市社会部調査課）ならびに昭和二年九月「在神半島民族の現状」（神戸市役所社会課）は、市役所で在日朝鮮人といつも接触している人たちが、朝鮮人労働者の生活と立場を調査して、朝鮮人問題の解決に役立てようとしたものである。不況で失業者が増大するなかで、朝鮮人労働者が続々と来住することは、日本人労働者を刺激する。さらに彼らが低賃金で、都会の場末の不便で狭い家に群居し、時には河川敷などにバラックを建てて住んでいることは、朝鮮人に対する差別と蔑視、さらには警戒心と恐怖を抱かせてもいる。中国人の場合も同様であろう。だが日本もこれほどの大国になったのだから、外国人労働者が来るのは当然で、かつて米国で日本人労働者排斥が起こったことをひきあいに出しながら、内地人のもちやすい偏見を批判しながら、朝鮮人に対する機会均等を主張している。

こうした諸情勢を前にして、警察では反抗的な「不逞鮮人」や社会主義者や労働運動家などを監視し、ひろく民衆、とりわけ外国人労働者や新思想の影響を受けやすい青年層などの動向に警戒を払っていた。そして警察と地域の有力者とが協力し、在郷軍人会や消防団、青年団などと結んで自警組織を作り、地域の秩序を安定させようとしていた。これがいわゆる「自警」である。警察の指導のもとに、民衆自身の手で地域の秩序を破壊したり逸脱したりする動きを取り締まらせようとするものだ。神奈川県では、一九二三年の春には小田原、藤沢、横浜、川崎を初め各郡の町村に自衛団や自警団といった組織が次々に作られていったとのことである。この時期の地元紙『横浜貿易新報』を見ると、関東大震災の直前には横須賀に近い田浦での「内鮮人土工の乱闘」や鶴見の潮田町の朝鮮人集落に朝鮮労働総同盟の代表が来てビラを撒いた事件などが報じられ、朝鮮人を対象にした自警活動を警察の指揮をうけて行なおうとしていたことが分かる。大震災が起こるとすぐに自警団が組織され、朝鮮人を警戒し、検束する地盤作りが進められていたといえる。（樋口雄一『日本の朝鮮・韓国人』二〇〇二年、一二二―四頁）

戦後いち早く朝鮮人虐殺問題を取り上げた斉藤秀夫「関東大震災と朝鮮人さわぎ」（『歴

史評論』一九五八年一一月）は、朝鮮人暴行の流言は、警察が機能を回復するとまず行なった「鮮人保護」、つまり朝鮮人連行が引金となって流言が起こり、さわぎとなり、それが軍と官憲の連絡網の整備とともに各地に拡大したのではなかろうかと論じているが、さきの主張では、それを引き起こした地盤が注目されているわけである。

以上が震災下の虐殺事件の国内的ならびに国際的背景である。

Ⅵ　小村家の系図から見た日中関係の変遷

前橋で教育を受けた宰相鈴木貫太郎

この講演は、今年、二〇〇八年の五月三一日と翌六月一日に開かれた第十一回平和教育研究交流会議第二日に行なったものです。第一日に「南京事件をめぐる記憶と対話」の講演をされた笠原十九司さんは、私を旧制中学・新制高校の大先輩だと言われました。私は群馬中学の後身前橋中学の第五八期ですから私の二二期下になります。笠原さんは昨日群馬県出身の総理大臣の話をされましたが、前橋中学の先輩には、群馬県出身には数えられていないが、総理大臣がいます。私たちより五三期前ですから、笠原さんと私の間の二倍あまり上になります。鈴木貫太郎海軍大将です。

鈴木貫太郎と前橋中学との繋がりについては、ちょっと詳しい説明が必要です。彼の父は幕臣の久世家に仕え、明治維新のときには、今の大阪府の一部である和泉国の代官となっていましたが、廃藩置県で郷里の千葉県関宿に帰り、子どもの教育の進んでいる群馬県の県庁に勤め、貫太郎は明治一〇年に前橋中心部にある桃井小学校に入学します。貫太郎はそれから前橋を見下ろす赤城山の南麓にあった前橋中学の前身群馬中学に入学しますが、海軍兵学校を志望し、そこから海軍兵学校の予備校でもある近藤真琴創設の塾に入りました。攻玉社の前身です。私の前橋中学の同級生に俳優となって独特の演技で知られた小林桂樹君など多くの桃井小学校の卒業生がいますが、これらの諸君にとっても、鈴木大将は小学校と中学校の大先輩になるわけです。

鈴木貫太郎は築地にあった兵学校に最初の受験で入学しました。翌年から茨城、埼玉などから五人ほど入ってきて、日曜日には鈴木の下宿で暮らすようになり、誰言うとなく関東クラブと呼ばれたそうです。その卒業とともに同校は築地から江田島に移ります。鈴木貫太郎は総理大臣になる前も重要な仕事を果たしています。一九一四（大正三）年に海軍のシーメンス社からの収賄事件が発覚した時には、鈴木は海軍次官でした。日本海軍の実質的建設者ともいうべき首相の山本権兵衛と海相の斎藤実とを予備役に編入しています。両提督が事件に関係していたわけではありませんが、もっと早い時期に関係者を処分していれば、海軍に攻撃が向けられずにすんだだろういう責任を問われたもののようです。その後貫太郎は一九二四（大正一三）年に連合艦隊司令長官、翌二五年に海軍軍令部長と軍令関係のトップにまで上り詰めますが、一九二九年に珍田捨巳侍従長が死去し、鈴木が後任に懇望されます。現役大将の宮中席次は任命順に高位を占め、侍従長は予備役になるので現役の次になります。貫太郎は是非にとのことで、待遇の低下を甘んじてこれを引き受けます。するとその直後にロンドン条約締結に伴う統帥権問題が起こり、貫太郎は理不尽な攻撃を受け、青年将校らによって君側の奸とされ、一九三六年の二・二六事件では反乱軍の襲撃をうけて重傷を負います。だが、夫人がとどめは刺さないでくださいと懇願し、そこに来た指揮官の安藤輝三大尉は、それを聞き入れて部隊を引き上げます。実は安藤は鈴木に敬意を払っており、できるなら襲撃を止めて監禁に止めたいと苦慮しているうちに襲撃になってしまったので、夫人の懇願を幸いと襲撃を中止させて引き揚げ、救急車などの活動も自由にし、鈴木の生命力も強かったのでしょうが、無事に一命をとりとめたというのです。これは須崎慎一神戸大学教授が調べた軍法会議の記録でも、鈴木の自伝でも明らかです。鈴木が人徳豊かな海軍軍人であったことが判ります。

この鈴木大将が敗戦を前にすでに東京も大空襲で灰燼となった一九四五年四月に昭和天皇の要望で七七歳の老躯を引っさげて首相となり、軍部の反対を抑えてポツダム宣言を受諾し、アジア太平洋戦争を終わらせたのです。

司馬遼太郎『坂の上の雲』を見事に評した歴史家の和田春樹氏は、同書の直前に出た『鈴木貫太郎自伝』の結びを引いて当時の人心の推移を語らせています。「日清日露の両戦役以来、日本人は大陸政策を唱え、血によって贖った特殊権益とか、大陸には一切の資源があるような妄想にとりつかれ……、大陸さえ手に入れれば世界を相手にして戦争できるような誇大妄想的な考え方に転落していった。……誠に救われない道義的転落である」（『鈴木貫太郎自伝』時事通信社、一九六八）。司馬の結論は鈴木の言葉に和するものであったと見ることが出来る」と断じています。（「坂の上の雲はどうなったか」『図書』二〇一二年四月号）

ここで明治になる前年の一八六七（慶応三）年に生まれ、一九四八（昭和二三）年に没した鈴木貫太郎を基準にして関係の人びとや同時代の知名人の生没年を比較してみましょう。貫太郎の弟の孝雄は二歳下の一八六九年生まれで、陸軍大将になります。ここでとりあげる小村寿太郎は一八五五年生まれ、その再従弟《またいとこ》の俊三郎は一八七〇年生まれです。後に出てくる宇都宮太郎陸軍大将は一八六一年生まれ、陸軍中将の井戸川辰三は一八七〇年生まれ。司馬遼太郎の『坂の上の雲』に出てくる軍人の秋山兄弟は、兄の好古は一八五九年生まれで陸軍大将になり、弟の真之は一八六八年生まれで大正七年に海軍中将で亡くなります。全体で一八五五年から一八七一年まで、元号で言うと安政から万延、文久、元治、慶応を経て明治四年までの生まれです。文学者で言うと、森鴎外が一八六二年、夏目漱石と正岡子規が一八六七です。小村家にはこの一代あとにも、日本外交に重要な役割を果たした外交官が出ています。小村寿太郎の長男の欣一は一八八三年で、志賀直哉（一八八三―一九七一）と同年。長女文子の夫の佐分利貞夫（一八七九―一九二九）はその四歳上で、与謝野晶子の一つ下です。

飫肥（現日南市）の小村寿太郎記念館訪問と満州義軍の人びと

二〇〇七年末には、『日本陸軍とアジア政策―陸軍大将宇都宮太郎日記』（全三巻　岩波書店　二〇〇七）の編集に当たった吉良芳恵、桜井良樹両氏の音頭で、南九州への調査と骨休めの旅行に出かけました。宮崎県日南市一帯については、この土地の出身で宇都宮大将に近かった井戸川辰三元中将のご子息がたに案内していただきました。同市の旧飫肥城址の大手門のほとりにある小村寿太郎記念館を訪ね、小村寿太郎家の系図に出会いました。さらにそこでもらった井戸川中将関係のプリントなども助けになりました。お世話いただいた皆様に御礼を申し上げます。

小村寿太郎は言うまでもなく日露戦争当時の桂太郎内閣の外務大臣で、ポーツマス日露講和会議の全権ですが、この系図には寿太郎と関東大震災下の中国人虐殺事件を追及した再従弟の俊三郎の名があります。この系図のトップが小村善四郎で、寿太郎と俊三郎はその二代あとの世代です。寿太郎は善四郎の長男寛の長男です。俊三郎は、善四郎の弟で医師で教育者でもある元水の孫で、したがって寿太郎の再従弟です。彼は、東京高等師範に学び、寿太郎の勧めで北京に留学し、日露戦争前夜に日本公使館通訳生となり、日露戦争中には井戸川らと一緒に活動もしています。第一次大戦中の一九一六年にジャーナリストに転身し、上述の中国人虐殺事件について政府の方針を鋭く公然と批判した数少ない人物の一人です。

飫肥は宮崎県の日南市にあり薩摩に近いのですが、旧飫肥藩は薩摩の支藩ではありません。飫肥藩主の伊東氏は薩摩の島津家に追われて豊臣秀吉に仕え、秀吉の九州攻略について島津家を抑える案内役をして、豊臣秀吉から元の領地をもらって飫肥藩の領主になりました。島津家に対する目付け役のような存在でした。江戸時代になっても同様な地位を保障されて、明治維新になります。

飫肥城址は町の中の高台にあって小さいが、昔を偲ばせる遺品も残っています。小学校があり、社民党代表を長く務めた福島瑞穂さんはそこの卒業生だそうです。大手門のすぐ前に小村寿太郎の生家があり、その横に小村寿太郎記念館が作られています。小村寿太郎

小村寿太郎家 系図

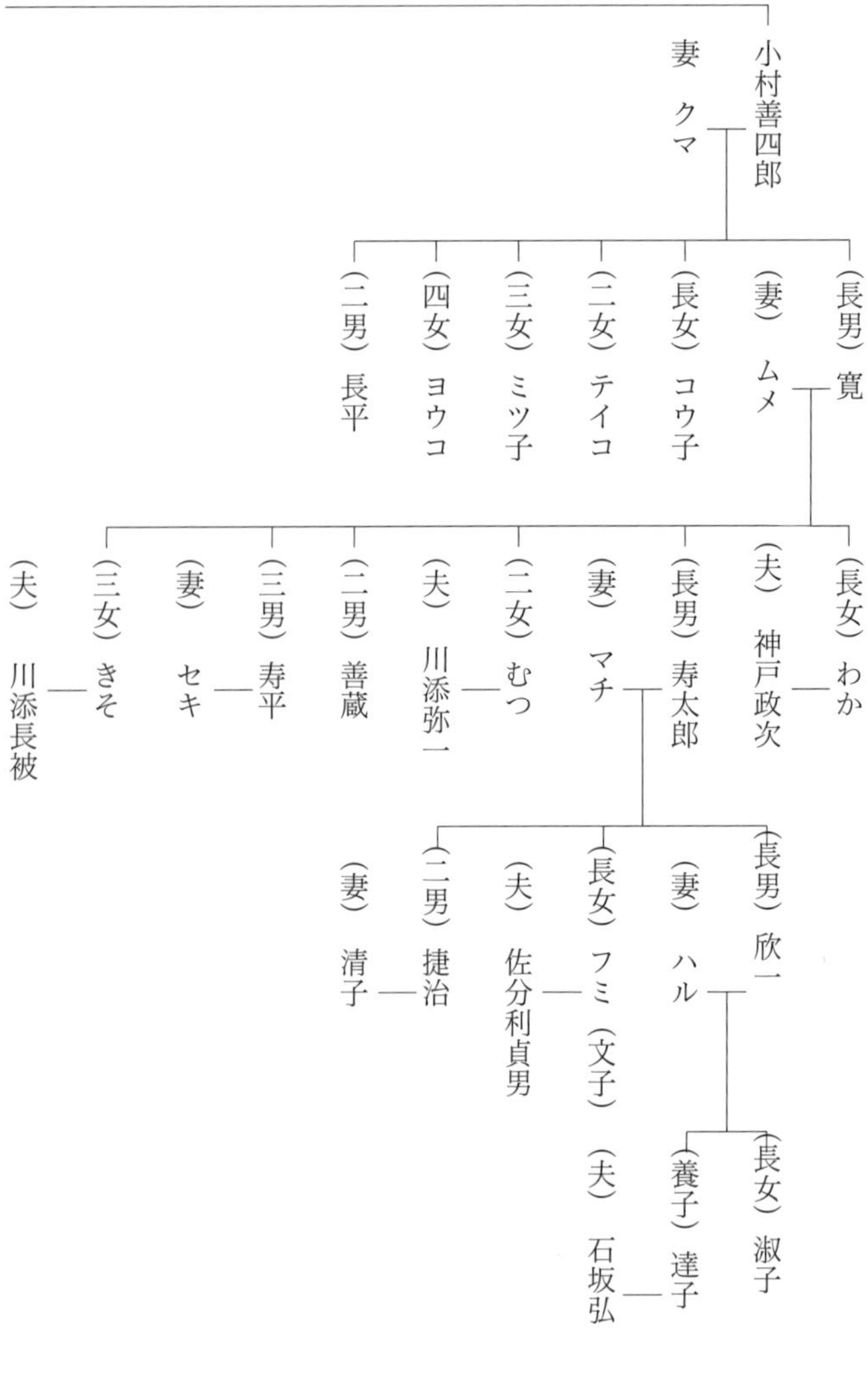

小村善四郎
妻 クマ
(長男) 寛
(妻) ムメ
(長女) コウ子
(二女) テイコ
(三女) ミツ子
(四女) ヨウコ
(二男) 長平
(長女) わか
(夫) 神戸政次
(長男) 寿太郎
(妻) マチ
(二女) むつ
(夫) 川添弥一
(二男) 善蔵
(三男) 寿平
(妻) セキ
(三女) きそ
(夫) 川添長被
(長男) 欣一
(妻) ハル
(長女) フミ (文子)
(夫) 佐分利貞男
(夫) 石坂弘
(二男) 捷治
(妻) 清子
(長女) 淑子
(養子) 達子

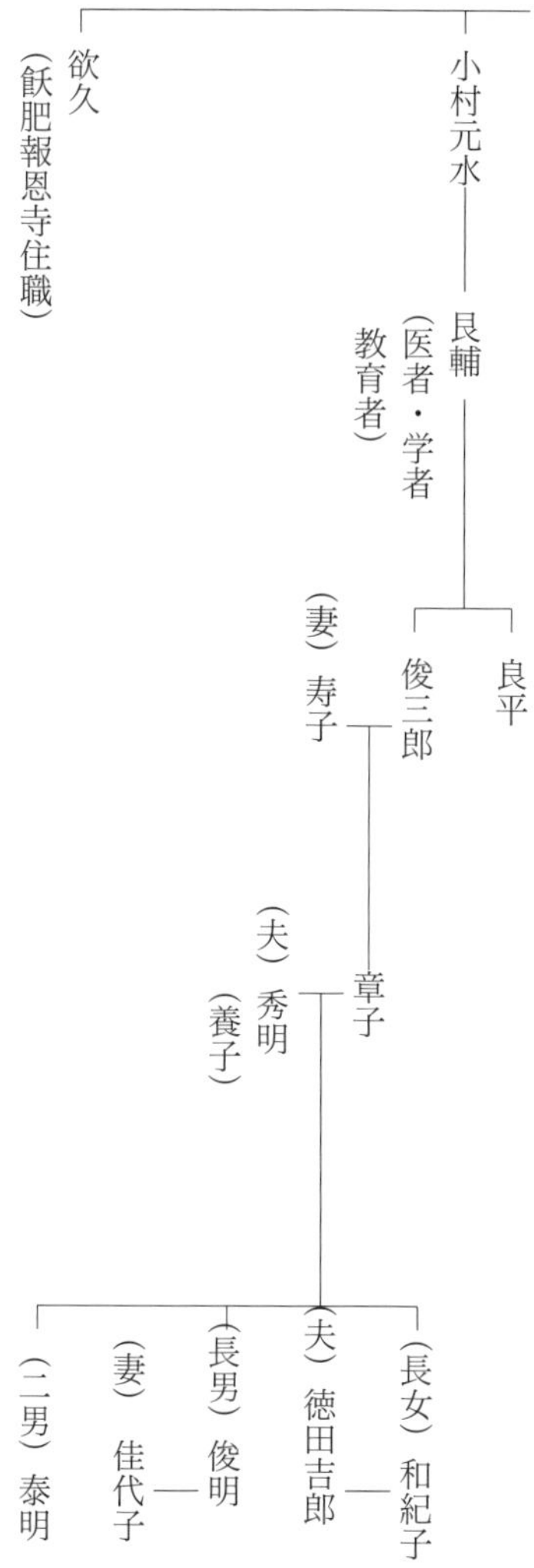

家の系図はそこにありましたが、他にも多様な関係資料を見せられました。井戸川家の方の案内ということもあって、先ず出されたのが、「花《ホア》大人を囲む満州義軍勇士座談会」という日中戦争開始当時文藝春秋社が出していた『話』という雑誌の記事のコピーでした。満州義軍は、日露戦争が始まった時に日本軍と呼応した民間有志が、中国の有力者や活動分子に呼びかけて作った部隊で、ロシア軍の背後を突いて兵站線に攻撃をかけ、鉄道や電信線を切断したり補給を混乱させたりする活動を行いました。建前は民間有志ですが、実

際には中国と関係の深い退役軍人の花田仲之助少佐を引き出して幹部に据えます。これが花大人です。この満州義軍については、満州事変後の一九三三年から三六年にかけて出された黒龍会編『東亜先覚志士記伝』（全三巻）があり、伝統的な右翼団体の作った本ですが、資料に基づいて詳しく叙述しています。井戸川は当時大尉で満州軍の窓口として満州義軍の結成を助け、それが一段落すると蒙古義軍のリーダーになって、ロシア軍が食糧用に連れた牛馬や羊の群れを奪って打撃を与えたりしています。日本公使館の通訳官だった小村俊三郎は、「東三省士民に檄するの文」を書いて満州を占領しているロシア軍に対抗して立ち上がろうではないかと、この地域の中国人の活動家や有力者に呼びかけています。

その後、日露戦争が一段落した段階では、井戸川は少佐に進級して奉天（瀋陽）の少し西の新民屯という町の軍政署長になり、ロシア軍に通じたとして処刑を待っている馬賊出身の軍人を見込んで、その助命を児玉満州軍総参謀長に頼んだがなかなか承諾しません。しかし井戸川は日本の騎兵が弱体なのをなんとか補強したいと考え、田中義一参謀に応援してもらって助命に成功します。馬賊といっても、地域の有力者に頼まれて秩序維持に当たる私兵で、日本軍ともロシア軍とも協力し合うような存在でした。この軍人が、やがて日本軍の支援で奉天軍閥のリーダーになり、日本軍を利用し、利用されるが最後には日本軍に殺される運命にある張作霖でした。

それでは、宇都宮太郎はどこにいたかというと、ロンドンの英国公使館付の武官でした。その時の宇都宮日記は抜けていて、明治四〇年の分しかなく、細かなことは分かりませんが、宇都宮自身は戦地へ行きたくてむずむずしていて願いを出すが許されない。それでイギリスでロシアの革命運動を支援扇動する明石元二郎の工作を背後で支える仕事を行いましたが、それはロシアを講和に追い込むための、極めて重要な仕事でした。当時は戦地に行けなくて落胆した宇都宮も、戦争が終わると、予想もしなかった高位の勲章をもらって驚きます。「此度の叙勲に大佐としては此上なき（既に三級を有する青木（宣純）柴（五郎）の二人特に二級を拝領せし外、全軍の大佐最上級は三級也）功三級なる殊勲の甲に列せられたるは誠に意外に感じたり」（上記日記Ⅰ九四頁）。これは宇都宮の謀略工作を陸軍の指導部が非常に重視したことを意味します。

「ポーツマスの埋め合わせを北京でするやの感」

原田敬一著『日清・日露戦争』（岩波新書　二〇〇七）を見ますと、一九〇五（明治三八）年三月一〇日に奉天の会戦で日本軍が勝利を収め、これで一段落したように見えますが、実はそれからもロシアに持久戦に持ち込まれそうで、そうなったら日本としてはお手上げだ、早く戦争をやめなければならないと、児玉総参謀長ら満州軍の指導者が政府に申し入れています。他方、ロシアが困難に直面して講和に踏み切った原因の一つはロシアの革命運動で、そこに宇都宮らの謀略活動が評価された根拠があります。いま一つは日本海海戦での日本軍の大勝利です。その二つが重なってロシアも講和に応じそうだと見極めて、アメリカのセオドア・ルーズベルト大統領が両国講和の斡旋に踏み切ってポーツマス日露講和会議が開かれ、小村が全権になります。

しかし日本の国民は、こうした苦境を知らされず、勝利に沸いているので、何とか償金を取って、重い税金を軽くしてもらいたいと熱望します。ところがロシアはまだ負けたとは認めず、償金などは拒否する。日本としては不十分だがとにかく講和条約締結に踏み切ります。それに対する国民の不満が、日比谷焼討事件として爆発します。ただ日本はロシアから南樺太を割譲し、ロシアが南満州に持っていた旅大（旅順・大連、のち日本で関東州と呼ぶ）に関する租借権などの権益、権利と利益を、清国の承認を条件に引き継いで獲得しています。それを清国に承認させるために日清両国のあいだで、満州に関する北京会議が開かれます。この会議にも小村は病身を押して全権として出席し、まだ戦場にいる強大な日本軍の圧力を背景に、強い要求を突きつけてこれを呑ませます。

ここにやはり薩摩出身の伊集院彦吉が出てきます。ここで大久保利通家の系図をご覧下

大久保利通家 系図

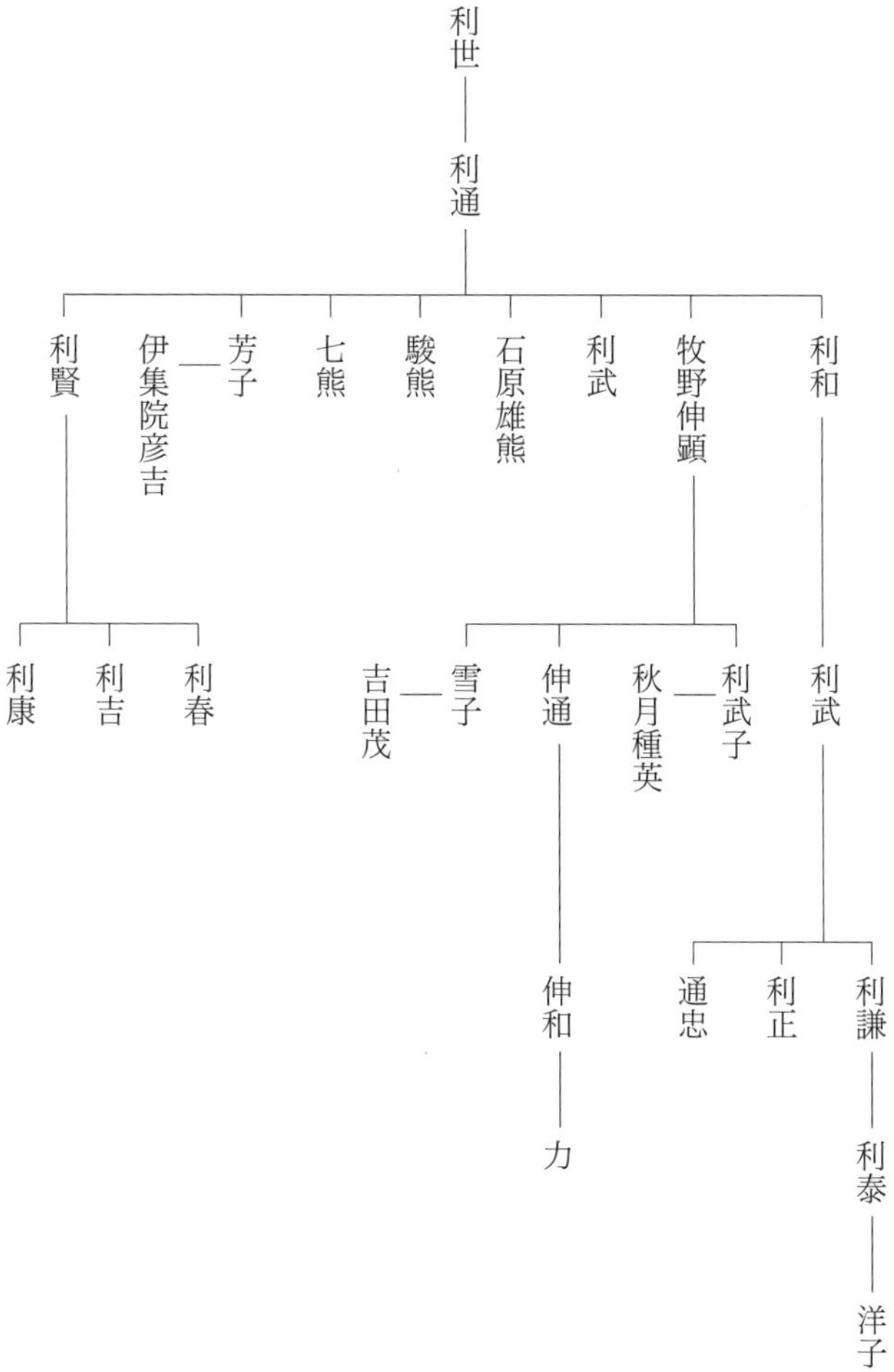
利世
利通
利賢
伊集院彦吉
芳子
七熊
駿熊
石原雄熊
利武
牧野伸顕
利和
利康
利吉
利春
吉田茂
雪子
伸通
秋月種英
利武子
利武
伸和
力
通忠
利正
利謙
利泰
洋子

さい。大久保は西郷隆盛、木戸孝允と並んで明治維新を成し遂げた維新の三傑とされ、西郷とともに薩摩の出です。その次男が養子に行った牧野伸顕で、日露戦争後の第一次西園寺内閣に文相として、第二次内閣に農商務相として入閣し、それを継ぐ形の山本権兵衛内閣の外相となります。三男の利武は長男の養子となりますが、その長男が大久保利謙、長く日本近代史学界で活躍され、国会図書館の憲政資料室の創設に努力された方で、私も歴史家の集まる新宿歌舞伎町の居酒屋あずまでよくご一緒になりました。大久保利通の末娘の芳子の夫が伊集院彦吉です。

この伊集院は、一九〇二年以来天津総領事で、さきの『記伝』は「日露戦争に会して手腕を揮い、一面放胆果断の風あると共に内実は頗る思慮稠密にして、措置すべて機宜を制し……隣邦の梟雄袁世凱との交際はその頃から密となり、袁は『伊集院は大智なり』と称揚したほどで……日露戦役中わが国のために種々の便宜を供せしむるに至った」と評しています。当時の駐清公使は内田康哉だったが、誰いうとなく『伊集院公使』の綽名《あなだ》を奉られたともあります。

伊集院は小村外相が北京会議に乗り出すと聞くと、内田公使への私信で、「ご存知の通り大騒ぎと相成り候。何だかポーツマスの埋め合わせを清でするやの感浮かび出で候。」袁世凱直隷総督に小村全権一行のことを伝えたところ、大げさに驚いた様子が見えたと書いています（『内田康哉』青木新執筆、この部分は池井優校訂　一九六九）。江戸の仇を長崎でという言葉がありますが、ポーツマスで思う程の成果をあげることが出来なかったので、その分を北京で清国から取り返してやろうという下心が、日本の外交官にさえ感じられたというわけです。

日露戦争での袁世凱の対日協力と北京日清会議での応酬

それで小村ら日本全権と袁世凱らの清国全権とが相対した満州に関する北京日清会議の問題に入ります。この会議では日清満州に関する条約と付属協定が調印され、併せて満州に関する日清条約付属取極が作られます。条約本文はロシアからの権益引継ぎを認めただけですが、付属協定で鉄道守備隊の設置、日本が戦時中に引いた安東・奉天間鉄道の期限付き経営など新たな権益が決められ、さらに秘密の付属取極では世界に例がないといわれるいわゆる満鉄並行線の禁止が盛り込まれました。こうして日本の要求する重大な権益が強引に承認させられたのです。清国の抵抗でそれにはさまざまな条件がつけられ、あいまいな表現で妥協したところも少なくありません。満鉄並行線の問題では小村全権が「条約に非ずとも可也、会議録にても存記し之を明らかに致しおきたし」といい、会議録に載ったとあります。

小村は南満州を日本の勢力範囲にするような重大な権益を要求し、これに対して袁世凱をふくむ清国代表は、清国軍も戦争で密かに日本を支援したので、日本からこんな要求をされる筋合いはないと食い下がりました。袁は、清国は開戦当初に日本と連合してロシアに当たることを希望し、内田公使始め各国の意見で中立と決定したが、「たとい表面中立を守るも其の裏面においては暗に日本に便宜を与えたることは……福島少将（安正、満州軍参謀、本会議全権、シベリア単騎横断で有名）及青木大佐（宣純、袁との関係からから北京公使館付武官に再任され、謀略活動にあたった）の如きは全て熟知せらるる事柄なり」とし、戦時中清国官民が日本軍より受けた困難は甚だしいものがあったが、日本に対しては同情を表してきた、それなのに清国が苦しめられるのは納得できないと述べました。小村全権も貴国政府及袁総督が与えられた「便宜……は戦の勝敗に大なる関係ありたり。貴国が便宜を与えたることは秘密のことなれども、この席は秘密の席のこと故……ここに厚く謝礼す」と、秘密で他言すべきことではないことにアクセントを置きながら、これを認めて謝意を表しています。

こうして日本は一九〇五（明治三八）年十一月一七日より二二回の本会議を重ねて清国の反対を押し切り、十二月二二日満洲に関する日清条約を調印させました。外務省編『小村外交史』（一九五三）は、「この談判の会議録は日清両国に依り固く秘守されてしまったのであるが、爾後満州問題に関する日清交渉は総てこの基礎を該会議所載の協定に置き、此の議事録から満州問題は出発すると称しても過言ではない程の重要性を有している」と書いています。

ただ日本軍と袁世凱との協力関係はもっと早くからで、日清戦争で日本が獲得した遼東半島をロシアが三国干渉で返還させたことからロシアと清国の間に李鴻章・ロバノフ軍事密約が結ばれ、ロシアの勢力が北部から浸透してきます。こうした中で北京付近を支配する直隷総督となった袁は、新建陸軍の創設を企て、そのために日本の協力を求めました。当時陸軍大尉だった多賀宗之の『支那の軍情』（一九三二）によると、一九〇〇年夏山東巡撫だった袁は青木宣純中佐を見込んで招聘しましたが、折からの義和団事件で実現しませんでした。事件後に袁が直隷総督になると、再び青木を求め、代わりに立花小一郎少佐が招かれて袁の隠れた軍事顧問になりました。だが当時は先の露清軍事密約があるので、日本将校を公式に招聘することはできませんでした。そこで、日本の将校は清国の風俗を真似て辮髪をつけ保定府に入って袁の新軍の軍事教育を行ない、ついで袁が軍隊を移した天津にも入りこみます。多賀を含めて日本の辮髪将校は約二〇人を数えたといいますが、こうした基礎の上に清国と袁の軍隊の日本軍への協力が行なわれました。『記伝』列伝の青木宣純の項には、日露開戦前夜の一九〇三（明治三六）年十一月に児玉参謀次長が青木の私邸を訪ねて、「目下支那北部の勢力家は袁世凱」でこれと密接な関係を有するのは君しかないと福島から直接聞いている、公使館武官に再任されるのは望まないだろうが、なるべく就任して重大任務を達成してもらいたい、その任務とは一つは日清共同して敵情探知の機関を組織すること、二は敵軍の背後交通線を時々破壊すること、三は馬賊団を起して敵の側背を脅威することであると頼んだ、青木は快諾して任命をうけて北京で活動を始めた、とあります。その年十二月二三日の内田公使の日記には、「夜青木大佐来談（天津より帰来袁総督と密談の始末を報告す）」とあり、まず「一、袁は日清協同の策を建言し居ること、然れども日本局外中立を希望するならば清国は局外を守ることとなるべく中央政府にはその傾きあること」と述べた後、「三、日露開戦の場合には袁の部下に五万の兵あり、二万は関内に止め、三万は関外に駐在せしむるを得べし。故に取り敢えず錦州、朝陽及び張家口に分駐せしむる考えなり。四、局外中立を守るとするも日本にできる限りの便益を与うること勿論なり。まず部下気の利きたるもの百名を選抜し青木大佐に与え鉄道破壊等に使わしむること、但し右は日本人の私かに付したることを証明するため契約書を持参せしむること。彰義県地方は馬賊の巣窟なるを以て袁大化を使用し之を煽動せしむること、但しこれは兎も角良民に危害を及ぼすを以て上奏裁可を要すること」とあります。

これに対して日本側では、清国には中立の立場を取らせるのが最も有利だが、清国が日本と合流することが必要になるかも知れないので、その余地を残されたい、また秘密で有益な補助を受けるのは我が方に有利なので適当の方法で適当の時期に与えられることを歓迎するとしました。そしてその後も暗黙の援助を与えるよう清国に督促してもいます(九九—一〇一頁)。

なお先の青木の項には坂西利八郎大佐が袁世凱の軍事顧問となり、各地の諜報員から直隷総督府に来た情報はすべて坂西顧問から天津駐屯軍を通じて大本営に打電され、「日露戦争中、諜報上に於ける袁世凱の功労は実に多とするに足るものがある」と書いています。

こうしたこともあるので、袁世凱は小村の要求に強く反発したのですが、結局は現地に駐兵中の日本軍の圧力で押し切られたのです。

強引な押し付けは、清国ならびに日本と良好な関係にあった袁世凱との関係を悪化させます。当時袁の長子の家庭教師だった吉野作造は、袁は一八八四年の朝鮮事件から日本に対抗し、後には英米と結んで日本の跳梁を抑えようとした排日主義者だったとしながらも、「日露戦争中支那側が我が国に対して陰に陽に多大の便宜を図りしは公知の事実、しかしこうした関係の永くつづかざりしこともよく人の知るところである。彼我の疎隔は小村全権がポーツマス講和条約の後始末のため北京に乗り込んで袁世凱を相手に談判を開始

せし頃から表面に現れ始め」たことを認めています（『対支問題』一九三〇）

皇太子を診察するなど指導者たちとも親交のあったドイツ人医師のベルツは、日本が韓国の外交権を奪ったりしたのを見て、「清国の有力者間では、ロシア側に多く傾いている模様である。バルチック艦隊と、奉天附近の日本軍の不活発な行動とが、日本への信用を揺るがしたのだ。袁世凱すらロシア側に変心した由。日本は韓国の独立のために戦っていると称しているが、その『独立』を日本が一体どのようにして保護するのかを、清国側では見て取ったのだ。『前者の轍』。（「前を行く車の深いわだちは後の車に危険を示す戒めとなるという古くからのことわざ」—今井注）日本は不可解な失策をやった。真実東亜民族の盟主たるの地位を目指していたのであれば、先ず温情により清・韓両国を自己の味方につけ、その信頼を固めなければならなかった。支配するのではなく、『指導』すべきだった。」こう日本の強引な政策を批判しました。（『ベルツの日記第二部　下』（一九五五）の一九〇四年十一月一六日の項）

清国では一九一一年一〇月一〇日の武昌起義で辛亥革命が起こり、革命軍と清朝政府軍との戦いとなりましたが、両軍の妥協で清朝が倒れ、中華民国が発足する一方、米国から急ぎ帰国して大総統となっていた孫文は辞職して、政府軍に起用されていた袁世凱が代わって大総統になります。革命派は憲法にあたる臨時約法を袁に守らせることで民国の安定を図ったのですが、袁は革命派を弾圧し国会を無視したため、一九一三年七月には革命派が第二革命を起こしますが敗北して、孫文らは日本に亡命しました。日本の軍人や国家主義者には南方出身者中心の革命派を援助して、満蒙に独立政権を作らせる狙いもありました。袁世凱は反日で革命派を弾圧するという二重の意味の敵役とされました。

日露戦争後も、日本は辛亥革命による中国の激動や第一次世界大戦、ロシア革命による国際情勢の変動などを利用して権益の拡大強化を図ります。

パリ講和会議と外交の変貌

一九一四年夏には第一次世界大戦が起こり、関係者の予想を超えた大規模な長期戦に拡大します。そのためヨーロッパ列強がアジアから手を引かざるを得なくなったことは、日本が勢力を伸ばす好機と考えられました。元老の井上馨は大隈首相あての意見書に「日本国運の発展に対する大正新時代の天佑」と書いています。日本は日英同盟を利用して英仏側に参戦してドイツが租借していた山東省の膠州湾一帯を占領し、中華民国が日本軍の撤退を要求すると、有名な対華二十一ヵ条要求を袁世凱大総統に直接突き付けます。この要求は五号よりなり、第一号は山東省に関するもので、日本がドイツとの間で取り決める講和条項を中国は予め承認する、第二号は満洲に関するもので、日本がロシアから引き継いだ旅順大連一帯の租借権と南満州鉄道南部線の経営権をそれぞれ九九年に延長する、具体的に見ると、前者は一九九七年、後者は二〇〇二年までで、もしもアジア・太平洋戦争での日本の敗戦など特別の変化がなければ今の平成にまで入るところです。第五号は中国の中央政府に日本の政治・財政・軍事の顧問をおくなど中国全般に関する要求です。袁政権も交渉を引き伸ばし、五月初頭にしぶしぶ回答を出すと、日本もさすがに第五号は除いて日本の要求を最後通牒として突き付け承認させます。中国全土は排日運動の嵐に包まれます。

大正期の日中関係はこの二十一ヵ条要求をめぐって展開します。大戦の長期化で列強が困難に陥る一方、ヨーロッパの戦場の圏外にあった日本は輸出を伸ばして経済も発展させ、協商諸国に対する軍事協力も強め、その代りに講和会議での日本の要求を予め承認する約束を取り付けます。

一九一七年にはいると長期戦で国力が尽き果てたロシアで二度の革命が起こります。二月には国会を基盤とするブルジョア勢力がロマノフ王朝を倒して臨時政府を作りましたが、協商国の援助で戦争は継続します。十一月になると、ボリシェビキの指導するソビエト勢力が権力を握って、全交戦国の人民と政府に正当かつ民主主義的な講和の交渉を始めることを呼びかけ、地主所有地の無償没収、労働者の工場管理、軍隊の民主化と兵士の権利の確立、民族自決権の保証などを声明します。次いで秘密外交の廃止を宣言し、秘密条約の公表を始めます。まさに革命的な変革です。そして革命政権は、交戦中のドイツと休戦交渉に入ります。ドイツは強硬な条件を突き付けたので、一旦はソビエト代表も引き上げますが、結局はドイツの要求を呑んでブレスト・リトフスク講和条約を結びます。

アメリカは一九一七年にドイツの無制限潜水艦戦宣言に反対して参戦しますが、その直後にロシア革命が起こると、戦争目的を明確にして国民の戦意を立て直す必要に迫られます。一九一八年一月にはアメリカのウイルソン大統領は議会への教書で講和原則一四ヵ条を宣言しました。これには秘密外交の排斥、海洋と通商の自由、軍備縮小、植民地住民の利益を考慮した植民地要求の調整、民族自決原則に則したヨーロッパの国際秩序、諸国家の独立と保全を保証する国際機構の設立等をふくんでいます。

日本はこれに対して軍事力と経済力を用いて中国とシベリアに勢力を伸ばそうとします。袁世凱が帝政を樹立して反対運動が高まる中で一九一六年に病死すると、おりから成立した寺内正毅陸軍大将の内閣の日本は段祺瑞政権を援助して中国に独占的な勢力を張ろうとします。反対運動でぐらついている段政権に日本は巨額の西原借款を供与して言いなりに動かそうとしたのです。日本は段祺瑞政権に西原借款を与えて日華共同防敵軍事協定を結ばせ、北満州等への出兵と利権の拡大を図りました。中国人留学生の間に反対運動が起こり、関東大震災のどさくさで殺される王希天もこれに参加して、日本の警察から危険人物とされました。

しかし情勢は日本の思惑通りには進みませんでした。一九一八年に敗戦を悟ったドイツがウイルソンの一四ヵ条を基礎として休戦を申し入れると、ドイツでは革命が起こって帝政が倒れ十一月に休戦が成立し、第一次世界大戦は終わりました。翌年初めから開かれたパリ講和会議で日本は講和会議には北京政府の代表が出席し日本の要求を呑ませることができると楽観していましたが、このとき開かれた中国の南北和平会議で、中国全権団は南北両政府の代表で構成されることになりました。アメリカで教育を受けたいわゆるヤングチャイナを代表する駐米公使顧維鈞と広東政府の王正廷も加わり、中国の参戦でドイツの租借条約は失効したと主張し、講和会議でも中国の主張にたいする共感が強まりました。日本政府は外交調査会の決議を受けて山東問題に関する要求が通らなければ国際連盟規約への調印は見合わせよという強硬な訓令を送りました。講和会議の首席全権だった西園寺公望は、山東問題が喧しくなって皆が旗を巻いて帰るといったとき一同を集めて、「お前たちは何をいうのだ、山東問題より、それ以上の重大な国際問題のあることを知らないのか。区々たる山東問題なんかにとらわれて、この重大な国際連盟の問題を置いて帰るなぞ、そんな馬鹿なことがあるか。帰るなら皆帰るが宜しい。自分ひとりとどまっているからさっさと帰れ」と言ったとのことです。

だが日本が講和会議から脱退することは大変なことです。日本代表は山東半島を中国の主権のもとに返還し、ドイツが持っていた経済的特権と居留地設定の権利だけを保持することを約束して日本の要求は承認されました。日本は講和会議にとどまり、ベルサイユ平和条約が調印されました。中国では五月四日に講和条約反対のデモが日貨ボイコット、売国奴罷免運動となってひろがり、ベルサイユ条約調印を拒否しました。

久野収さんが戦前日本の政治のしくみについて「顕教と密教」という言葉を使って説明しています。敗戦までの一般の大衆は天皇が親政で、天皇自ら治めているんだというふうに信じ込まされていたけれども、指導者の側では天皇の権威は使われるが実際に政治を取り決めるのは内閣であり、各大臣であり、その中でも軍と他の政府機関の間には微妙な関係があって、そこで議会が一定の役割を果たす、そういう微妙なシステムでもって政治が行われています。そういうことを指導部のごくわずかな人しか知りません。一九三五（昭和一〇）年ごろに天皇機関説を攻撃する運動が激しくなってきますけれども、天皇機関説というのはまさにそういう少数の指導者の間で了解していたことであって、教育の世界では、一般の大衆は専ら天皇中心の政治のことしか教わっていませんでした。そしてそれを支えてきたのは教育の面では師範学校の教育であり「天皇の軍隊」だったと言われているわけです。とりわけ日露戦争については一種の神話があって、日露戦争で日本人がたくさんの犠牲者を出し、その犠牲者の血でもって満州に勢力を張った、したがってその満州の利権というものを決して手放すことはできないのだと大衆は教え込まされている。実際にはそうではなくて、日露戦争は日本にとっては苦しい戦いであって、国際的な協力でもって何とか戦争を有利な形で終わらせることができたということを、少数の人だけが知っているわけで、これがいわゆる密教です。一般の人には日本軍の血でもって満州を確保したんだという表向きの考え方だけが浸透させられている、日露戦争の記憶にはそういう矛盾がずうっと残っているわけです。

指導者についてみても日露戦争直後には日本も清国の援助を受けて何とか戦争をまとめることができたんだと内心では考えていたのですが、それがだんだんそうではなくなって、むしろ自分の力でもって日露戦争を勝ち抜いたんだという考えを押し付けるようになっていきます。こうした考え方を中国に押し付け、武力を通じて日本は中国に対して権益を拡大していきます。これに対して中国のナショナリズムが起り、そのナショナリズムが日本に向かってくる。それに対抗するために、日本は軍閥と古い政客の力を利用して反日の大衆的な民族運動を抑えるということをやっていくわけです。

一九一九年の五四運動の直後には日・英・米・仏四国の銀行家が新四国借款団の結成を計画します。これは中国の利権を独占しようとした西原借款に対抗しようとする米国の提案に基づき、中国に対する各国の借款を借款団に提供させ一国の独占を防ごうとするものですが、日本は独力でこれに対抗するのは困難であるとして借款団に加わる一方、日本の満蒙の分は借款団から除外することを主張して反対を浴びました。南満州の分だけを借款団から除外させ、その北と西に広がる東部内蒙古の優先権は放棄しました。

日本軍が出兵していたシベリアでも一九二〇年にはいるとアメリカを始めとする諸国が次々と撤兵し、日本は過激派の活動を防止するためと出兵目的を変えて居座りました。樺太の対岸にあるニコライエフスクではここを占領していた日本軍は雪中に孤立して、地方的なパルチザンと一旦は休戦を結びましたが、日本軍はパルチザンの司令部を急襲し、敗北して居留民ともども捕虜になりました。そして五月に日本軍の増援部隊が来ると、パルチザンは捕虜を殺害し市街を焼き払って退去しました。この間に戦死または殺害された日本軍人・居留民は七百余名でした。日本は共産主義の脅威を示そうとこの事件を宣伝しましたが、革命派の側ではパルチザンの幹部を裁判にかけて処刑するとともに日本軍の非行も明らかにしました。日本はこの事件が解決するまで北樺太を保障占領すると声明しましたが、アメリカは占領に基づくいかなる要求も有効とは認めないと通告してきました。

一九二一年十一月にはアメリカの提議でワシントン会議が開かれ、日英米仏伊五カ国の軍縮会議と、これに中国・ベルギー・オランダ・ポルトガルを加えた九カ国で極東太平洋問題を討議する九カ国会議が開かれます。ソビエト・ロシア、極東共和国と中国の広東政府は招かれませんでした。日本では極東太平洋問題が討議されることを警戒しながらも加藤友三郎海相らを全権に送りましたが、会議直前に原首相が暗殺され、高橋是清蔵相が内閣を引き継ぎました。

アメリカのヒューズ国務長官は開会冒頭に老齢の戦艦と建造中の主力艦の廃棄、一〇年間の主力艦の建造中止など徹底的な軍縮案を提案しました。加藤友三郎全権は、この提案が米国世論の熱狂的な支持を得ているのを見て、主力艦対米七割の強硬論を固執する加藤寛治全権顧問を抑えて軍事施設の現状維持を条件に対米六割を自己の責任で受諾しました。

一九二二年九月に外交調査会が廃止されましたが、それとともに加藤友三郎内閣の協調主義的外交を軟弱外交として非難する動きが枢密院や貴族院の間に起こり始めます。十二月にワシントン会議の決議に基づいて中国にある日本郵便局を閉鎖する「日本帝国及支那共和国間郵便物支援ニ関スル約定」が調印され、満鉄付属地内の郵便局は暫定的に現状を維持するが、両国間の交渉の題目とすることもありうるとされると、これが大きな問題となりました。枢密院は諮詢の手続きをとらずに調印したのは不当で中国における日本の利益に累を及ぼすおそれがあると政府を弾劾する上奏案を議決しました。本会議では伊東巳代治が上奏案の説明に立ち、内田外相は調印前に諮詢の手続きをとることができなかった事情を述べ、この協定が何等の譲歩も行っていないと反論しましたが、本会議での採決では枢密顧問官は全員起立、閣僚は全員起立せず、賛成多数で上奏案は可決されました。しかしこの約定は翌一九二三年一月一日より発効するため内田外相は十二月三一日に同約定の裁可を得て同日付で約定は告示されました。ついで摂政は、一月二二日に加藤友三郎首相と清浦奎吾枢密院議長に対して国運の発展を図るために両者の協調を望みました。

前年末より中国では日中協約二十一ヵ条無効宣布決議案の議決が進んでおり、この年一月に議会を通過し、三月一〇日に二十一ヵ条条約を廃棄する通告を送達してきました。枢密院の上奏文はこうした中国のナショナリズムに正面から挑戦するものでした。日本政府が一四日に拒絶を回答すると排日運動が巻き起こりました。時の第四六議会では、貴族院は公爵近衛文麿らの提出した対外国策の確立を要望する決議案を可決し、加藤内閣の外交政策について警告しました。こうした問題が起こった時に進んで音頭取りになるのが近衛で、それは西園寺のきつく戒めるところでした。その後の内田臨時首相の動きについては第三章に述べた通りですが、意外なことに伊東巳代治に頼りきりで戒厳令布告を推進しています。

小村俊三郎と佐分利貞夫

関東大震災の時に王希天と大島町の中国人虐殺事件が発覚した時の読売新聞は、皮肉にも虎ノ門摂政狙撃事件で警視庁警務部長で免職され友人らの寄金で社長になった正力松太郎が社長になる前の、もっと自由主義的な新聞でした。そこの外報部長だった小村俊三郎は、日露戦争に従軍した軍人で朝日新聞客員の河野恒吉と、牧師の丸山伝太郎とで実情踏査に乗り出しています。そして十一月七日の読売新聞に、社説「支那人惨害事件」を載せて、隠蔽されたままのこの事件を明らかにして、司法権による厳正な責任究明を行い、中国の政府と国民に謝すべきだと書いて、発禁になりました。彼は、中国で第二革命が起り、南京で日本人が殺された事件が起った時に日本がどういうことを要求したかということを覚えていて、それに対応した処置を日本としてきちんとしなければいけないと考えていたわけでしょう。

このときは第一次山本権兵衛内閣です。関東大震災の時には第二次山本権兵衛内閣ですから、したがって外交関係の担当者も第一次山本内閣とよく似た顔ぶれですね。外務大臣だった牧野はこのときは宮内大臣で、宮中のことをいろいろ処理する、内大臣に次ぐような天皇の側近です。さきに中国公使だった伊集院彦吉は外務大臣です。小村俊三郎は、政府が聞かないので牧野宮内大臣に働きかけて、こんなことでは日本の信頼が落ちてしまうということを訴えます。そして牧野が義弟である伊集院外務大臣に尋ねたところ伊集院は、すでに山本内閣は甘粕事件、大杉栄を殺した甘粕事件が大問題になったことで非常に大きな打撃を受けている、そのうえ更にこの事件を表沙汰にすると山本内閣がもたない、したがってこれを公けにするのは勘弁してもらいたいというふうに答えます。しかしそんなことではいけないというので牧野と小村たちがどうするかと対策を考慮します。そのうちに、虎ノ門摂政狙撃事件で山本内閣は総辞職して、結局そのままになってしまうということになるわけです。

その後小村俊三郎は、太平洋問題調査会、普通ＩＰＲと略称でよばれている太平洋諸国の諸関係を調査する国際的な研究会があって、その長老としていろいろと活動していま す。そこで刊行した『満州問題研究・太平洋問題叢書第1』(太平洋問題調査会　一九二九)に「国際的満州と日本」という論文を執筆し、満州というのは非常に国際的利害が絡んでいる、それを日本が独占するような政策をとると中国とそれから各国の疑惑を招くことになるのだ、もっと国際的利害を考慮した上で日本にも中国にも納得できるような解決的方策を考えないといけないと、なかなか言いにくいことを主張するわけです。二十一ヵ条要求で九九年に延長させた、これは永久の租借のようで、非常に悪い感じを与えると述べました。それから満鉄の守備兵については、これは非常に難しい問題だ、と。ポーツマス条約当時、日本はロシアに対して、日露両国とも南北満州に一兵も置かないことを主張した、しかしロシアが聞かなかったので、満州に守備兵を置くことになったんだけれども、これは一国が撤退した場合には他の国も撤退するということを明確に北京条約に記載しておいた、そしてロシア革命の後、ロシアは一兵も残さず撤退しているので、日本としてもこれを撤退させなければいけないということになっている、つまりこういう満蒙の権益というものも中国や他の国が納得できるような形に作り変えなければいけないと主張しています。

虎ノ門摂政狙撃事件のあと、枢密院議長の清浦奎吾が組閣し、三度び政権から離れた政党が第二次護憲運動をおこし、一九二四年六月に加藤高明護憲三派内閣が成立します。ここで幣原外交が発足すると、佐分利貞夫の出番が回ってきました。翌二五年一〇月に北京関税会議が開かれると、幣原外相の信任厚い佐分利貞夫は通商局長兼全権団の事務総長として、中国の関税自主権を原則的に認め、その代わりに商品の等級で差別した差等税率を中国に承認させようとはかりました。これは低級品の多い日本に有利な関税ですが、革新的な面をもつ外交政策は中国に好感されました。

その後、中国を舞台に幣原外交を裏切る軍事行動を伴う事件が次々に起こります。イギリスなど列強の利権がからんだ複雑な動きですが、情勢は幣原の見通しどおりに変化していきました。しかし日本国内では幣原外交に反対の強硬外交論が強まります。そして田中義一政友会内閣が成立する(一九二七年四月)と、対華政策が大きく転換されました。しかし、日本の支持で勢力を拡げた張作霖が、日本の思うままにならないために関東軍によって爆殺され(一九二八年六月)、その後始末から田中内閣が倒れる(一九二九年七月)と、浜口雄幸民政党内閣ができて幣原外交が復活します。

対華外交たてなおしのため幣原がとくに駐華公使にえらんだのは、北京関税会議で活躍し、中国の国民党の政治家とも親しい佐分利貞夫で、中国側もこの人事をきわめて歓迎していました。佐分利は外務省の局長を務めていて、本来なら大使を交換しているアメリカとかイギリスとかそういう国に大使として出るのですが、佐分利は非常に難局である日中国交を建て直すためにということで甘んじて公使になり、十月初旬に南京に赴任し蒋介石主席や王正廷外交部長と会談しました。そしていろいろ中国の側の主張も聞き、十一月二十日に帰国し、外務省首脳部と対華政策をねりましたが、帰任を直前にひかえた十一月二十九日に箱根富士屋ホテルで変死しました。彼は仰臥したまま右手にコルト八連発のピストルを頭側にあてて引金を引いたうえ、掛蒲団を頭から被って死んでいたのです。

佐分利の変死は自殺か他殺か疑われましたが、警視庁は自殺説をとって捜査を打ち切りました。しかし幣原はさいごまでこれに疑問を持っていました。佐分利の兄で合同紡社長の秋山広太も同様でした。秋山が自殺説を疑う第一の根拠はピストルです。佐分利は別に自分の小型コルトを携行しており。大型コルトをどこで入手したかわからないうえ、このピストルのサックも見当たりませんでした。第二の根拠は、ホテルの浴衣をきて赤い紐をしめたまま寝ていたことで、覚悟の自殺としてはあまりに無造作にすぎるというのです。

自殺説は、関税会議当時死去した妻の文子を慕って自殺したというのです。佐分利は常に部屋にその写真を飾り香花を供え、外出のときにはいずれかの写真を携えていました。だが、この重要な時期に妻の跡を追うとは考えられないと、秋山は述べています。

佐分利の死の原因は謎ですが、当時の外交資料はポツダム宣言の受諾にあたって戦争の実態が明らかにされ責任者が処罰されることを恐れて、焼却処分が始まりました。機密度の高かった中国関係の記録類が多数焼却され、戦前の外務省記録の重大な欠落となりました。ただ松本忠雄元外務政務次官が密かに筆写し自宅に保管していた文書が発見され、それが幾分かを補うことができました。佐分利の後任についてはいろいろと揉め、重光葵が代理公使に任命されて交渉は再開されますが、交渉は難航しました。

あとは中国側の外交文書が見られると、佐分利について何か記録があるかもしれません。

秘密とされた外交文書の公開

外務省条約局で編集発行した『日支間並支那に関する日本及他国間の条約』（一九二三）は関東大震災のすぐ前に出ていて、機密という文字が赤く表示されています。私は戦後古書店で入手しましたが、内部資料として作成されたもので、公刊されたものではありません。前にも触れた満州に関する日清条約には、駐兵問題に関する「附属協定」と満鉄並行線についての「附属取極」がありますが、どちらも秘密にされています。これらが初めて条約集に掲載されたのは、戦後の外務省編纂『日本外交年表並主要文書』（一九五五）でした。国際政治学者の衛藤瀋吉氏は『国際法外交雑誌』（五四巻五号）に、同書は「外務大臣官房文書課外交文書班において班長栗原健氏の指導の下に臼井勝美氏を中心とする外交文書班員の共同作業の結晶」と紹介しています。外交文書を取り扱ったこれらの人々は出来る限り史料を公開するということに非常に使命感を感じていました。

やがて国際政治学者となる臼井さんは京都帝国大学の文学部歴史学科に在籍していて、昭和二〇年の正月に郷里栃木県の第一四師団に入隊し、……まもなく病を得て陸軍病院に入り、八月一五日には、終戦の詔勅を病院のベッドで聞きました。そして京都に戻り復学して卒業、東京に戻ります。

「幸運にも箭内健次先生から紹介されたアルバイト先は外務省調査一課（当時）外交文書室であった。ちょうど『日清戦争』に関する外交資料集を編纂刊行していたので専らその校正のお手伝いをした（「私と戦争」（『岩波講座アジア・太平洋戦争6』月報　二〇〇六・四）。

「ある日条約書をみているとき、どこにでもある白い西洋封筒がパタリと床に落ちたことがあった。……韓国の司法権を事実上日本に委譲することを約束した秘密協定であった。このような一国の運命に関わる秘密協定がありふれた封筒になにげなく収められているのには、戦慄を覚えざるを得なかった記憶がある。一九三二年の「日満議定書」の条約書を手にしたときも、同じであった。僅か二箇条の、一枚でこと足りる条約が、厚さ数センチもあろう冊子になっているのは不思議議であった。頁をくると、公表された条約のあとに、細かい字で印刷された秘密文書が延々と続いていたのである。」（「外務省記録と『日本外交文書』」『みすず』第二〇〇号　一九七六年九・一〇月号）

「栗原先生は私に思いがけず『日本外交年表並主要文書』上下二冊を編集出版することを示唆された。敗戦によって外交に関する最高の国家機密が解除され、戦争、講和、領土合併、大陸進出のなまなましい経緯、実態に関する機密文書の公開が可能になったこの機会を利用せよというのである。素人の私であったが、この膨大なそして新鮮にしてなまなましい史料群に接し興奮を抑えきれず、日夜兼行で一人作業を急いだ。機密は解除されていたとはいえ、早急な一般公開に上部から差し止めの干渉が起こるのを栗原さんも私も警戒した。小疵を厭う余裕はなかった。幸い上部の理解をとりつけ、一九五五年に刊行できた時は二人でひそかに喜び合った。この文書集がその後の日本外交史研究の発展に寄与したことはいまだに私の喜びである。」（「私の戦争」上記月報）

ポツダム宣言の受諾による日本の降伏から一〇年足らずの間に、栗原さんも臼井さんも心配したような一般公開に対する反対が起こる気がかりがないではなかったものの、それをむき出しにしての抵抗は困難な状況も生まれていました。臼井さんの先の文書で述べているように、まず極東国際軍事裁判において昭和初期以後の厖大な極秘文書が検察と弁護団の双方から次々と法廷に提出されました。続いてアメリカ国務省の援助のもとにアメリカ国会図書館が、明治維新期から太平洋戦争終了期までの主要な部分をマイクロフィルムに収録し、その数量は二百万頁におよびました。

ただ臼井さんが耳打ちしてくれたところでは、マイクロフィルムに収録した昭和初期以来のファイルには大島町事件も王希天事件もはいっておらず、どうやら記録整理者か撮影者の特別な配慮かによって入れられたのではないかとのことでした。資料集を作った仁木ふみ子さんも同意見でした。

関東大震災の混乱のなかで、少なくとも一〇〇人をこえる中国からの出稼ぎ労働者とこれを支援する僑日共済会の指導者が虐殺されて、事件名もつけられずに放置されている。その記録をマイクロフィルムに収めておきたいと思うのも一理あります。

あとがき

一〇月末にショートステイから帰宅して急に体力が低下して動けなくなり、編集の宮本功さんによけいなご苦労をかけることになりました。

一〇月二七日の朝日新聞で、外務省の沖縄返還文書の不開示問題が取りあげられていました。過去すでに公開済みだった文書が不開示とされています。公開済みという事実を見落としたのは多忙のせいにされていましたが、外務省では増えつづける作業に対応するための人員も予算も増えていないといわれています。公文書保存や情報公開に対する外務省の認識と情熱はきわめて稀薄です。公文書管理のずさんさは、九十余年前の関東大震災の当時から変わりがありません。大平正芳外相が萩原延寿さんの示唆を受けて、公文書公開を民主主義の根幹と考え、外交記録の公開を説いた時期に比べると権力をめぐる空気が異なっています（服部龍二「三〇年ルールの起源と外交記録公開」『外務省外交史料館報』第三一号二〇一九)。

他方で日本経済が作り出したコンビニエンスストアは、地域社会蘇生の拠点となる可能性を秘めているとして、これを「公共空間」としてのコンビニに育てていく提案もあります(鷲巣力氏寄稿　朝日新聞一〇月二九日)。市民による自治の模索が進んでいくことに注目したいと思います。

二〇一九年一〇月　今井　清一

関東大震災下の中国人虐殺事件関係史料年表

一九二三年（大正12）	9月	1日	関東大震災、東京・横浜に大火災。朝鮮人放火投毒の流言おこる
		2日	流言拡大、戒厳令公布、第二次山本内閣成立。朝鮮人虐殺事件拡大、数日間にわたり激化
		3日	大島町中国人労働者虐殺事件。夜、亀戸署員が平沢計七、川合義虎らを検束
		4日	戒厳司令部、「支鮮人」を習志野廠舎に収容方針を命令
		5日	未明に平沢、川合ら労働運動家一〇名殺害（亀戸事件）
		12日	早朝、大島町で9日に拘束された僑日共済会会長王希天、軍人に殺害される
		16日	大杉栄ら甘粕憲兵大尉に殺害される（甘粕事件）
	10月	13日	上海の各新聞、大島町中国人虐殺事件と王希天行方不明事件を報道
		16日	自由法曹団「亀戸労働者刺殺事件聴取書」作成開始
	11月	15日	中国民間宗教家調査団の兪顯廷、顯蔭、包承志ら、水野梅暁の案内で東京着

	12月	7日　中国政府の中国人被害調査委員、王正廷、沈其昌、劉玄一行、東京着
一九二四年	1月	種蒔き社『種蒔き雑記—亀戸の殉難者を哀悼するために—第一冊』発行、金子洋文編集
		山崎今朝弥『地震・憲兵・火事・巡査』解放社、八二年岩波文庫
	年月不明	司法省編『震災後に於ける刑事事犯及之に関連する事項調査書』(内容的には二四年前半までに執筆)
一九二五年	7月	警視庁『大正大震火災誌』発行、第五章治安保持、第五節要視察人に対する措置、第一 亀戸事件、第二 支那人王希天行方不明事件、第三 甘粕事件
一九二六年	3月	東京市役所『東京震災録』前輯・中輯・後輯、二七年3月別輯発行
一九二八年(昭和3)	2月	編集代表、納富貞雄『大迫尚隆遺稿』出版人、大迫尚道・永積純次郎・納富貞雄。非売品。
一九三〇年	10月	美土路昌一編著『明治大正史・1 言論編』朝日新聞社
一九五八年	11月	齋藤秀夫「関東大震災と朝鮮人さわぎ—三五周年によせて」『歴史評論』99号、特集「大正時代」の再検討
一九六〇年	10月	自由思想研究会編集『自由思想』2号、大杉栄特集2、安成二郎「大杉栄虐殺に関するメモ」正力松太郎談話
一九六二年	6月	今井清一ほか編『日本の百年・5 震災にゆらぐ』筑摩書房

一九六三年	7月	田辺貞之助『女木川界隈』実業之日本社
	5月	労働運動史研究会、震災四〇周年記念研究集会、今井、姜徳相、南巌、戸沢仁三郎、秋山清報告
	7月	姜徳相「関東大震災に於ける朝鮮人虐殺の実態」『歴史学研究』278号
		『労働運動史研究』37号、特集関東大震災四〇周年、上記研究集会報告収録
	9月	松尾尊兊「関東大震災下の朝鮮人虐殺事件」上『思想』471号、下は476号翌年2月
		『歴史評論』157号、特集日本と朝鮮—大震災朝鮮人受難四〇周年によせて
	10月	姜徳相・琴秉洞編『現代史資料6・関東大震災と朝鮮人』みすず書房
一九六五年	7月	吉屋信子『ときの声』筑摩書房—廃娼運動と山室軍平
一九六八年	2月	ねずまさし『日本現代史4』三一新書
一九六九年	12月	林茂『湯浅倉平』湯浅倉平伝記刊行会
一九七二年	7月	岩村登志夫『在日朝鮮人と日本労働者階級』校倉書房
	10月	松岡文平「関東大震災と在日中国人」関西大学大学院文学院生協議会『千里山文学論集』8号
	12月	同「もう一つの虐殺事件」大阪歴史学会近代史部会『近代史研究』16号

一九七三年	10月	『歴史評論』281号、特集関東大震災五〇周年小川博司「関東大震災と中国人労働者虐殺事件」
一九七四年	4月	高梨輝憲『関東大震災体験記』アトミグループ、10月、地方史研究協議会大会で中国人虐殺事件につき報告
	6月	松岡文平「関東大震災下の中国人虐殺事件について」大阪歴史学会『ヒストリア』65号
	7月	日朝協会埼玉県連合会内関東大震災五〇周年犠牲者調査・追悼事業実行委員会編纂発行『かくされていた歴史―関東大震災と埼玉の朝鮮人虐殺事件』
	11月	遠藤三郎『日中十五年戦争と私』日中書林
一九七五年	7月	角田房子『甘粕大尉』一九七九年5月中公文庫付記、二〇〇五年2月ちくま文庫増補改訂
	8月	久保野茂次日記公表、『毎日新聞』8月28日夕刊「王希天事件真相に手掛かり／「大杉」「亀戸」と並ぶ虐殺／一兵士の日記公開」、『赤旗』8月29日号なども報道
	9月	関東大震災五〇周年朝鮮人犠牲者追悼行事実行委員会編『関東大震災と朝鮮人虐殺』第一部大震災と朝鮮人虐殺の真相の究明（今井清一・斎藤秀夫）
	11月	姜徳相『関東大震災』中公新書414

一九七六年	10月	今井清一「大島町事件・王希天事件と日本政府の対応」藤原彰・松尾尊兊編『論集現代史』筑摩書房
一九七八年	5月	歴教協船橋支部ほか『関東大震災と朝鮮人・資料集1—船橋市とその周辺で—』
一九七九年	9月	千葉県における関東大震災と朝鮮人犠牲者追悼・調査実行委員会ほか『同上資料集2—習志野騎兵連隊とその周辺—』
一九八二年	8月	田原洋『関東大震災と王希天事件』三一書房
	11月	仁木ふみ子「五九年目の墓碑銘—関東大震災時の中国人虐殺の鉄証」『月刊総評』
一九八三年	3月	梶村秀樹「在日朝鮮人の生活史」『神奈川県史・各論編1政治行政』
	9月	千葉県における関東大震災と朝鮮人犠牲者追悼・調査実行委員会『いわれなく殺された人びと』青木書店
		『九・一関東大震災朝鮮人虐殺事件60周年に際して』九・一関東大震災虐殺事件を考える会
		遠藤三郎「関東大震災—王希天事件について」同「関東大震災の回顧と教訓：抗わぬ朝鮮人に打ち落ろす鳶口の血に夕陽照りにき」
	11月	『季刊三千里』36号、特集関東大震災の時代、安岡章太郎、金達寿、山田昭次、高柳俊男ら
一九八六年	4月	宮武剛『将軍の遺言』毎日新聞社（八五年に『毎日新聞』に連載）

一九八八年	3月	外務省編『日本外交文書』大正一二年第一冊　八　関東大震災関係の2　中国人等被害関係
一九八九年（平成1）	9月	関東大震災下に虐殺された朝鮮人の遺骨を発掘し慰霊する会『朝鮮人虐殺事件から中国人虐殺事件・亀戸事件を考える』
一九九〇年	11月	伊藤隆・広瀬順皓編『牧野伸顕日記』中央公論社
		横田豊「関東大震災下の中国人虐殺事件の告発」『青山学院大学文学部紀要』32号
一九九一年	1月	加藤文三『亀戸事件』大月書店
	9月	仁木ふみ子『関東大震災　中国人大虐殺』岩波ブックレット217
一九九二年	7月	関東大震災時に虐殺された朝鮮人の遺骨を発掘し追悼する会編『風よ鳳仙花の歌をはこべ』
一九九三年	3月	山脇啓造『近代日本の外国人労働者問題』（平和研双書2）明治学院国際平和研究所
	7月	横浜開港資料館特別展『関東大震災と横浜』中華民国外交部資料「日本震災惨殺華僑案」（台湾中央研究院近代史研究所所蔵資料コピー）展示
	8月	『歴史地理教育』506号、特集関東大震災から何を学ぶか、矢野恭子、平形千恵子、坂本昇ら
		仁木ふみ子『震災下の中国人虐殺―中国人労働者と王希天はなぜ殺されたか』青木書店

一九九三年		『歴史評論』521号、特集関東大震災と朝鮮人虐殺事件
一九九四年	1月	関東大震災七〇周年記念行事実行委員会編『この歴史永遠に忘れず』日本経済評論社
一九九四年	2月	山脇啓造『近代日本と外国人労働者』明石書店
一九九五年	1月	阪神・淡路大震災、死者六四三二人　家屋全壊一一万七四八九棟
一九九七年	1〜2月	松尾章一監修『関東大震災政府陸海軍関係史料』全三巻（政府・戒厳令関係、陸軍関係、海軍関係史料）日本経済評論社
一九九七年	3月	伊藤泉美「関東大震災と横浜華僑社会」『横浜開港資料館紀要』15号
		原田勝正ら編『東京・関東大震災前後』日本経済評論社
一九九八年		横田豊「大島町事件再考」『青山史学』16号
		『神奈川のなかの朝鮮』編集委員会編著『神奈川のなかの朝鮮』明石書店
一九九九年	3月	川島真「関東大震災と中国外交」『現代中国研究』4号
	8月	波多野勝・飯森明子『関東大震災と日米外交』草思社
二〇〇二年	3月	伊藤泉美「『横浜大震災中之華僑状況』に見る関東大震災前後の横浜華僑社会」『横浜開港資料館紀要』20号
	6月	樋口雄一『日本の朝鮮・韓国人』同成社

二〇〇三年	8月	日本弁護士連合会、国は関東大震災下の朝鮮人中国人虐殺事件で国が関わった虐殺の被害者遺族に対し責任を認め謝罪し事件の真相を調査し原因を明かにすべきだとの勧告書（日弁連勧告書）を小泉首相に提出
	9月	山田昭次『関東大震災時の朝鮮人虐殺―その国家責任と民衆責任』創史社
		姜徳相『新版・関東大震災・虐殺の記憶』青丘文化社
		松尾章一『関東大震災と戒厳令』吉川弘文館
二〇〇四年		山田昭次編『関東大震災朝鮮人虐殺関連新聞報道史料』1―5巻、緑陰書房
二〇〇七年	9月	今井清一『横浜の関東大震災』有隣堂
		関東大震災八〇周年記念行事実行委員会『世界史としての関東大震災』日本経済評論社
二〇〇八年	9月	今井清一監修、仁木ふみ子編『史料集・関東大震災下の中国人虐殺事件』明石書店
二〇一四年	3月	加藤直樹『九月、東京の路上で　一九二三年関東震災ジェノサイドの残響』ころから

初出一覧

公刊された論稿の初出情報を左記にしるす。今回の単行本収録に際していずれも大幅な加除訂正をほどこされている。

Ⅰ　「大島町事件・王希天事件と日本政府の対応」藤原彰・松尾尊兊編『論集現代史』筑摩書房一九七六

Ⅱ　「関東大震災下の中国人虐殺事件が明らかにされるまで」仁木ふみ子編、今井清一監修『資料集関東大震災下の中国人虐殺事件』明石書店　二〇〇八

Ⅲ　書き下ろし

Ⅳ　「大震災下の諸事件の周辺」関東大震災七〇周年記念行事実行委員会編『この歴史永遠に忘れず』日本経済評論社　一九九四

Ⅴ　「震災下虐殺事件の背景」『中帰連』二六号　中帰連発行所　二〇〇三

Ⅵ　書き下ろし

事項索引

人名索引

今井清一（いまいせいいち）

1924年群馬県生まれ。横浜市立大学名誉教授。横浜市立大学・湘南国際女子短期大学教授を歴任。『西園寺公と政局』（岩波書店）の編集にかかわり以後日本近代政治史を研究。また多年地域史研究に従事し、戦災と空襲を記録する運動に携わった。主な著書に『濱口雄幸伝』（上下巻、朔北社）、『昭和史』（共著、岩波書店）、『日本の百年5 成金天下』『日本の百年6 震災にゆらぐ』（以上編著、筑摩書房）、『大正デモクラシー』（「日本の歴史」23、中央公論社）、『日本近代史2』（岩波書店）、『大空襲5月29日』『横浜の関東大震災』（以上有隣堂）などがある。2010年横浜文学賞、2013年神奈川文化賞を受賞。

【資料提供】
明石書店：久保野茂次日記の写真
朝日新聞：岡本一平の政治漫画「内閣の強味弱味」
東京都慰霊協会・吉川弘文館：表紙・カバー・帯の写真「京橋より東京駅を望む」
日南市教育委員会：小村寿太郎家系図

関東大震災と中国人虐殺事件

二〇二〇年一月二〇日　第一刷発行©

著　者　今井清一
発行者　宮本　功
発行所　株式会社　朔北社
〒一九一－〇〇四一
東京都日野市南平五－二八－一－一階
ＴＥＬ　〇四二－五〇六－五三五〇
ＦＡＸ　〇四二－五〇六－六八五一
振替〇〇一四〇－四－五六七三一六
http://www.sakuhokusha.co.jp

印刷・製本　中央精版印刷株式会社

ISBN978-4-86085-136-1　C0021　Printed in Japan